Ação e percepção
nos processos educacionais
do corpo em formação

Ação e percepção nos processos educacionais do corpo em formação

Cecilia Noriko Ito Saito

ECidade

São Paulo, 2010

Copyright Cecilia Noriko Ito Saito

Dados Internacionais de Catalogação na Publicação (CIP)

S139 Saito, Cecilia Noriko Ito.
Ação e percepção nos processos educacionais do corpo em formação. / Cecilia Noriko Ito Saito. Prefácio de Christine Greiner. – São Paulo: Hedra, 2010. 168 p.

ISBN 978-85-7715-182-0

1. Educação. 2. Construção do Saber. 3. Comunicação. 4. Semiótica. 5. Corpo. 6. Movimento. 7. Cognição em Criança. 8. Percepção em Criança. 9. Experiência Inovadora em Educação. 10. Escola Lumiar. I. Título. II. Greiner, Christine. III. A educação amorosa.

CDU 37
CDD 370

Elaborado por Wanda Lucia Schmidt CRB-8-1922

ECidade é um selo da editora Hedra
em parceria com a Escola da Cidade

EDITORA HEDRA LTDA.
R. Fradique Coutinho, 1139 (subsolo)
05416-011 São Paulo SP Brasil
Telefone/Fax (011) 3097-8304
editora@hedra.com.br – www.hedra.com.br
Foi feito o depósito legal.

Sumário

Prefácio – A educação amorosa,
   por Christine Greiner   i

Introdução   iii

1 O pensamento das escolas democráticas   1
   1.1   Poder – política: antecedentes   4
   1.2   Processos do aprendizado no corpo em formação   19
   1.3   Procedimentos da Escola Lumiar   35
   1.4   O "Mosaico" como enredamento de saberes . .   38

2 Corpo, movimento e o ajustamento dinâmico   51
   2.1   A relação singular: organismo – ambiente . . .   58
   2.2   A construção metafórica e os principais conceitos   64
   2.3   Os primórdios da organização: Esther Thelen
        e Linda Smith e a Teoria do Corpomídia   69

3 Experimentações e estudo de caso   77

Conclusão   131

Posfácio, por Helena Singer   137

Bibliografia   145

Prefácio – A educação amorosa, por Christine Greiner

Não é fácil ser um educador. Ao contrário do que se costuma dizer, a sua tarefa não é simplesmente transmitir um conhecimento específico. Como explica Jesús Martin-Barbero, trata-se de construir princípios humanistas por contágio, através das ações, dos pequenos gestos, e não somente da leitura dos livros.

Talvez a educação, assim como a amizade, partilhe nada além do que a própria existência, como tem ensinado o filósofo Giorgio Agamben. Não implica em objetos ou interesses partilhados, mas antes de tudo isso, instaura uma rede de afetos e percepções.

É este tipo de educação, nada trivial e absolutamente preciosa, que interessa à pesquisadora Cecilia Saito. Quem a conhece pessoalmente logo descobre o porquê.

Escrito originalmente no formato de tese acadêmica e inspirado por experiências práticas realizadas pela própria autora na Escola Lumiar, em São Paulo, o estudo abre, agora, novos espaços, amplia conexões e com certeza deverá representar um papel fundamental junto a educadores de todo o país.

Isso porque a educação que brota do corpo é sempre profanadora. Não acredita em "pedestais", nem alimenta hierarquias. Também não aprofunda a dualidade abissal entre mestre e estudante. Seguindo outros caminhos, acredita que todos aprendem juntos. Trata-se de uma alfabetização em autonomia, a partir da qual todos nós somos instigados a descobrir e usar as próprias palavras, os próprios gestos, sem mimetizar qualquer conhecimento oco, de formas prontas e significados estigmatizados.

Como observou Martin-Barbero, essa é uma tarefa muito complexa. Temos vivido uma educação baseada na incomunicação em toda a América Latina. Mestres como Paulo Freire e outros nomes citados por Cecilia Saito são oásis no contexto desértico de tantas décadas de submissão e perda da voz.

Além disso, Cecilia aprofunda o reconhecimento de algumas habilidades cognitivas do *continuum* corpo-mente, demonstrando que o corpo humano não é de natureza passiva, apática. Ao contrário, age mesmo antes de a ação ter visibilidade. Comunica quando ainda nem sequer tem consciência da sua comunicabilidade e sente enquanto formula seus pensamentos.

Para mim, que tive a honra de orientar esta belíssima tese, é uma alegria compartilhar as novas redes de afeto que dela começam a florescer.

Introdução

O objetivo desta pesquisa é analisar o desenvolvimento do processo comunicativo das crianças em um ambiente educacional particular, cujos operadores encontram familiaridade com teorias contemporâneas do corpo, sobretudo no que diz respeito à relação entre corpo e ambiente. A escolha do objeto centrou-se na Escola Lumiar, em São Paulo, pensada como proposta político-filosófica baseada nos princípios da escola democrática. A análise está pautada pela observação do corpo em formação e em interação com o ambiente, enfatizando como as possibilidades do desenvolvimento educacional propostas pelas escolas democráticas permitem o aproveitamento, a compreensão e a educação direcionada no fomento à aprendizagem, de acordo com as particularidades características da criança em seu processo de formação. Tal processo é propriamente o de crescimento da criança no ambiente educacional, que, no caso específico da Escola Lumiar, acontece de acordo com princípios que levam em conta a singularidade de cada um. Ou seja, cada criança tem particularidades e necessidades próprias. Nessa forma de ensino e aprendizagem procura-se estimular as especificidades para que haja uma formação ampla que possibilite resposta adequada às suas necessidades. A própria criança tem um papel determinante na construção do percurso de aprendizado proposto e ao qual também exerce contribuição pelas suas interações.

A Escola Lumiar sustenta um ambiente educacional que permite à criança vivenciar um processo de educação essencialmente dinâmico. Mas, sem partir de um modelo fixo e unilateral, tudo depende de uma relação que, para existir, necessita levar em conta o aprender com as necessidades e motivações educacionais respeitando as individualidades. Para melhor esclarecer a associação dinâmica com os processos de aprendizagem, torna-se pertinente o entendimento sobre o tipo de perspectiva dinâmica a que esta pesquisa se refere. Nesse sentido, as pesquisas realizadas pelas psicólogas cognitivistas Esther Thelen e Linda Smith, da Universidade de Indiana, em Bloomington, nos Estados Unidos, auxiliam no embasamento de inúmeras questões sobre a cognição infantil, especialmente em relação ao movimento dos corpos e sua interação com o ambiente. As cientistas realizaram inúmeros experimentos procurando entender como as crianças conseguem modificar seus padrões de comportamento durante o processo cognitivo. Para Thelen e Smith, a atividade mental poderia basear-se na percepção e na ação da criança no mundo e, assim, cérebro, corpo e mundo estariam ligados e se auto-organizariam. Tal abordagem aponta para a evidência de que as soluções surgiriam conforme o enfrentamento do problema.

O desenvolvimento não ocorre pelas vias inatas ou pelo aperfeiçoamento das informações prescritas e invariáveis, mas, sim, descreve momentos e possibilidades de ocorrência de certas ações em diferentes contextos como processo de comunicação em tempo real. Existem, portanto, as variações contextuais que podem ser compreendidas pela dinâmica dos processos de ações como, por exemplo, nas ações de observar, planejar, alcançar e recordar, que acabam se vinculando à teoria de um modelo dinâmico de incorporação cognitiva.

Conforme as pesquisadoras, as mudanças no comportamento podem ser percebidas até mesmo durante o desenvolvimento de crianças de três a quatro meses de idade, pois, a partir do momento em que se tornam capazes de sentar e girar suas cabeças, olham para um brinquedo e exibem movimentos espontâneos do braço para alcançar o objeto. Para Thelen, o conceito de desenvolvimento diz respeito a algo sempre em mudança, que faz com que seus diferentes estados adquiram inúmeros graus de estabilidade e instabilidade, e não conforme prescrições de estágios estruturalmente invariáveis.

Na relação entre ação, percepção e movimento, as experiências pesquisadas pelos cientistas George Lakoff e Mark Johnson, quanto ao surgimento do pensamento, apontam também para importantes pistas no tocante à afirmação de que "o nascimento do pensamento está sempre no movimento e no acionamento do nosso sistema sensório-motor [...] é assim que se organizam também as nossas 'metáforas do pensamento' " (GREINER, 2005: 65).

Na concepção de Lakoff e Johnson, a metáfora seria essencial para a compreensão e a criação de novos sentidos, necessitando atenção à sua estrutura de conceito. Esta estrutura está fundamentada na experiência física e cultural, evidenciando que o sentido jamais é descorporificado ou objetivo (LAKOFF & JOHNSON, 2002: 307). Embora a metáfora como figura de pensamento já estivesse presente desde o século XVIII, a proposta dos pesquisadores George Lakoff e Mark Johnson tem como ponto de partida a análise de expressões linguísticas e suas influências sobre o pensamento e a ação. Esse caminho foi inicialmente traçado por Reddy, em 1979, na análise das concepções metafóricas e dos conceitos de comunicação, demonstrando que a metáfora participa ativamente da linguagem do cotidiano. "A essência da metáfora é compreender e experienciar uma coisa em termos de outra" (op. cit.: 48).

Há uma relação entre corpo, movimento e cognição que Mark Johnson, em 1987, apontou como sendo a cognição que surge da motricidade e que traz a ideia de "um dentro, um fora e um fluxo de movimento" (GREINER, 2005: 129). Seguindo o raciocínio de Lakoff e Johnson, nossas experiências são ditadas pelas implicações metafóricas que guiam nossos pensamentos e ações, criando novos significados e percepções.

O sistema educacional tradicional também faz uso das metáforas para o corpo e suas ações. As análises de Michel Foucault indicam novas luzes para o entendimento do funcionamento dos dispositivos disciplinares. Foucault (2000) observa que a existência de uma tecnologia de controle não ocorre unicamente na prisão, mas também em outras instituições, como a escola, o hospital, as fábricas e o exército. Existe uma relação específica de poder que atinge os indivíduos e seus corpos, estabelecendo os mecanismos de controle. Mas, no momento em que se instaura o poder, aloca-se também o vetor de resistência como forma de reação.

A resistência e o exercício da autonomia acontecem pela perspectiva do biopoder, ou seja, a sociedade atua como um campo de forças e disputas constantes que acaba por produzir os indivíduos. É nesse sentido que o movimento das escolas democráticas vem sendo estudado pela socióloga Helena Singer (1997: 47), "como um saber não capturado pelo poder e, portanto, como uma possibilidade de resistência".

Esta pesquisa permeia os processos do aprendizado infantil trazendo o pensamento das escolas democráticas e suas relações com algumas mudanças epistemológicas que contribuem para repensar certos conceitos que envolvem o corpo em formação. A partir da Teoria Corpomídia (GREINER, 2005: 131), o corpo é visto como mídia de si mesmo e resultado de inúmeros cruzamentos, aferindo características de singularidade. Assim, procura-se trazer como exemplo alguns projetos e suas implementações, que dialogam com o que está sendo aqui discutido.

Nesta dinâmica, pretende-se pesquisar a noção de organismo e ambiente, estabelecendo relações com algumas pesquisas do corpo na contemporaneidade e também estabelecer conexões teóricas entre os estudos apresentados por George Lakoff e Mark Johnson (1999, 2002) sobre a construção metafórica. A fundamentação teórica permeia conceitos que foram amplamente discutidos pelos autores, tais como: ação, percepção, movimento e cognição. Pontualmente, outros autores complementarão as análises propostas, sobretudo nos seguintes aspectos: nas questões educacionais democráticas, a abordagem de Paulo Freire (1992, 1996, 2005) e Jacques Rancière (2004); no tocante às questões comunicacionais, os pensamentos de Muniz Sodré (2002) e Martin-Barbero (2003); nos estudos do corpo, a pesquisa do neurocientista António Damásio (1994, 2000, 2004) e de Steven Pinker (2004); no conhecimento em interação com o mundo, as reflexões de Humberto Maturana (2001) e Francisco Varela (2001); sobre as discussões do conhecimento e complexidade, a abordagem de Edgar Morin.

Pretende-se apresentar e discutir algumas das principais pontuações levantadas pelas psicólogas americanas Esther Thelen e Linda Smith e a relação de suas teorias com os sistemas dinâmicos.

Esta pesquisa organiza-se, portanto, em três capítulos. No Capítulo I, enfatiza-se o processo de aprendizado no corpo em formação, trazendo o pensamento das escolas democráticas e seus antecedentes no contexto da relação poder e política. Nesse capítulo, apresenta-se como objeto de estudo a Escola Lumiar, em São Paulo.

No Capítulo II, procura-se refletir acerca da abordagem escolhida para estudar o corpo, sobretudo as questões ligadas ao estudo do movimento e da cognição, a partir da ponte teórico-prática entre os experimentos de Esther Thelen e Linda Smith e a Teoria Corpomídia, além de trazer os estudos sobre a construção metafórica.

No Capítulo III, descrevem-se algumas experimentações e estudos de caso que possibilitam destacar os vínculos entre os procedimentos da escola democrática e o pensamento do projeto Corpomídia. Neste percurso, evidencia-se a singularidade da criança, o que sinaliza uma nova proposta escolar.

No último capítulo, observa-se que, ao enfrentar os problemas, a criança depara-se com o processo de auto-organização, processo esse em que as soluções vão surgindo pelo enfrentamento. A criança é curiosa e tem um enorme desejo de aprender; assim, cabe ao professor oferecer possibilidades e estímulos que possam dar vazão à sua curiosidade. As questões levantadas pelas crianças são, portanto, o ponto inicial para todo o processo investigativo, no qual o mestre atua como um orientador. No tocante à construção do saber em consonância com as propostas democráticas educacionais, cumpre afirmar que os procedimentos da Escola Lumiar e de seu projeto educativo, o aplicativo "Mosaico", podem ser pensados como possibilidade de rompimento com as barreiras disciplinares do campo epistemológico educacional contemporâneo.

Capítulo 1

O pensamento das escolas democráticas

As escolas democráticas nasceram na Europa em meados do século XIX, como parte do movimento denominado Escola Nova. Esse movimento criticava o ensino tradicional e a maneira como as crianças eram tratadas, como adultos em miniatura, sem que houvesse interesse pelas suas especificidades. No final do século XIX, o pensamento das escolas democráticas toma rumo diferente do movimento Escola Nova, no momento em que este se voltava para capacitar o homem à produção ativa, articulando o jogo com o trabalho.

Nos Estados Unidos, durante as primeiras décadas do século XX, esse movimento ressaltou a importância da educação e do trabalho, conquistando audiência por meio de inúmeros debates pelo "princípio conhecido como *learning by doing*, e essa discussão teórica ocorria no contexto de ascensão liberal-democrática" (MANACORDA, apud SINGER, 1997: 17).

Um dos pioneiros e fundador da primeira escola democrática que se conhece foi Leon Tolstoi, diretor da Escola Yásnaia-Poliana, na Rússia, no final da década de 1850 (SINGER, 1997: 16). A base de sua proposta permeava a abolição de imposições de poder e hierarquias, pensando uma sociedade cujos membros fossem pessoas dotadas de autonomia. Nesse sentido, a verdadeira aprendizagem somente seria possível pelo viés da espontaneidade.

O precursor desta linha de pensamento foi o filósofo francês Jean-Jacques Rousseau (1712–1778), que acreditava na necessidade da exteriorização da individualidade própria do ser humano. Rousseau nasceu em Genebra e viveu na França no período do Iluminismo, cenário político da Revolução Francesa de 1789. Embora seu falecimento não lhe tenha permitido participar de tal acontecimento histórico, sua trajetória foi marcada pela denúncia da sociedade que legitima as desigualdades e rege os indivíduos aos formalismos e às convenções. Essa linha de pensamento tornou-se matriz para inúmeras escolas que vieram a seguir, embora nem sempre seus educadores reconheçam essa filiação.[1] Tal tendência procurava estabelecer uma sociedade formada por cidadãos capazes de decidir sobre seus próprios destinos políticos, participando ativamente dessa formação, sem uma imposição hierárquica, e lutando para a abolição da distribuição do poder ou dos privilégios no desenvolvimento do ser humano. Não no sentido de mera contestação à educação tradicional, e muito menos objetivando uma ampla permissividade, mas sim se atendo a uma proposta de educação para a formação das pessoas que vivem em um regime democrático.

Atualmente, muitas dessas escolas são conhecidas como escolas democráticas e encontram-se espalhadas em países como: Estados Unidos, Alemanha, Áustria, Grã-Bretanha, Portugal, Espanha, França, Dinamarca, Suíça, Canadá, Japão, Israel, Índia e Nova Zelândia, somando mais de quinhentos no mundo (Singer, 1997: 19). As mais conhecidas são: Summerhill, na Inglaterra; Sudbury Valley School, nos Estados Unidos; e Escola da Ponte, em Portugal.

No Brasil, essa forma de experiência é ainda recente. Segundo Singer (op. cit.), antes da Escola Lumiar, várias iniciativas trouxeram propostas similares, mas nenhuma chegou a ser suficientemente tão radical quanto ela. A Escola Lumiar

---

[1] Ao mesmo tempo em que Rousseau é matriz fundamental para o reconhecimento da autonomia dos cidadãos, ele é também responsável por um dos mais conhecidos estereótipos da natureza humana, o mito do bom selvagem. (Pinker, 2004: 25).

desperta, além de curiosidade em relação ao seu projeto pedagógico, certa preocupação quanto à sua eficiência metodológica. No início de sua fundação, em 2003, tornou-se tema do discurso da mídia, entre outras questões, pela ausência de sistematização e pela polêmica gerada ao outorgar liberdade gerativa à criança.

A primeira pesquisa voltada especificamente à Escola Lumiar foi a proposta desenvolvida em forma de dissertação de mestrado pela pedagoga Andrea Moruzzi, na área de Fundamentos da Educação, da Universidade Federal de São Carlos, apresentada em 2005. A pesquisa pontua diferentes relações entre os pressupostos da Escola Lumiar e pensadores como Johan Henrich Pestalozzi, Leon Tolstoi, Janusz Korczak, Homer Lane, Alexander Sutherland Neill, Wilhelm Reich e Paulo Freire, no que diz respeito principalmente às questões da autonomia da criança e à investigação do aspecto didático-metodológico proposto. Segundo a autora, a escola democrática, na educação, emerge *como possibilidade de desestagnação dos caracteres herdados, ou seja, como possibilidade de equalização das oportunidades*. A escola enquanto instituição aparece como produtora de novas relações, internalizando a burocratização do mundo moderno e do controle social pelos mecanismos disciplinares, conforme pressupostos do filósofo Michel Foucault (2000). Como resultado de sua pesquisa, Moruzzi (2005) aponta a exaltação da liberdade como fio condutor existente em todas as experiências educacionais investigadas: onde a questão da autonomia se desenvolve como moeda de troca, *se tem quando se dá a autonomia*.

No contexto de formação das escolas democráticas, Singer (1997) comenta que as diferentes propostas educativas tiveram denominações diversas ao longo dos anos: escolas românticas, pedagogia centrada no aluno, escolas livres, escolas democráticas. Analogamente à sua postura, utilizou-se, nesta pesquisa, a mesma denominação "escola democrática". A análise de Singer procura abordar as propostas educativas contrárias à aplicação do dispositivo disciplinar, trazendo o pensamento dos principais teóricos ligados ao contexto sociopolítico.

Aqui, não se pretende uma mimetização teórica e sim trazer alguns recortes que possam dar conta de localizar os educadores que imprimiram o pensamento democrático ao longo do percurso compreendido entre o francês Jean-Jacques Rousseau até o brasileiro Paulo Freire.

1.1 Poder – política: antecedentes

Alguns pensadores marcaram de forma significativa o contexto sociopolítico na diacronia das experiências democráticas. O precursor do pensamento que defendia a aprendizagem pela espontaneidade foi o filósofo francês Jean-Jacques Rousseau (1712–1778). Para ele, o verdadeiro ensino deveria ocorrer a partir de questionamentos vindos das próprias crianças e dos jovens. A educação das crianças não poderia estar sob custódia do poder eclesiástico, que sustentava injustamente os poderes políticos, concedendo garantia de direito divino aos reis. Na educação, não bastava apenas a criação da escola com a figura do professor numa sala cercada por crianças que liam ou escreviam: era necessário questionar o sentido do processo educativo como um todo.

A criança deveria ser pensada como o centro de todo o processo, respeitados os seus anseios no aprendizado. A autonomia, a redução da dependência ao outro, era uma questão básica que o perseguia. Divergindo de pensadores como Diderot e os enciclopedistas, que viam o homem como um *animal político*, para Rousseau, o homem por sua natureza *não é um ser social*, a sociedade passa a fazer parte dele com a civilização (STRECK, 2004: 30).

Em 1762, Rousseau escreve duas obras: *Emílio* e *O Contrato Social*. Essas obras ligariam a questão da educação a uma sociedade regida pelo contrato. Emílio caracterizou-se por ser "um projeto de formação do homem. Um projeto político" (op. cit.: 38). Na opinião de Rousseau, cada criança possui uma gramática própria à sua idade, sendo necessário lhe ensinar palavras inteligíveis, que ligam o pensamento à linguagem. Em sua análise, é através do movimento que as crianças passam a entender a noção de proximidade ou distância em relação aos seus corpos, o que ocorre quando estendem as mãos para alcançar os objetos.

Leon Nicolaievitch Tolstoi (1828–1910) inspirou-se em Jean-Jacques Rousseau, cuja trajetória foi marcada pela denúncia da sociedade que legitima as desigualdades e rege os indivíduos aos formalismos e às convenções. Entre 1857 e 1860, na Rússia, dirigiu a escola Yásnaia-Poliana em um clima de reforma educacional que cada vez mais se voltava para o ensino técnico e profissional. Nessa época, a decadência do feudalismo colaborou para novas mudanças na Europa, que vivia o início da Revolução Burguesa. "As escolas espalhavam-se enquanto passavam das mãos da Igreja para as do Estado, que pregava o 'espírito de liberdade' do pensamento, para além dos dogmas religiosos" (MANACORDA, apud SINGER, 1997: 65). Isso contribuiu para amenizar as repressões corporais mais brutais aos alunos, mas o clima de ordem disciplinar permanecia. Procurava-se a libertação tanto da igreja quanto do Estado, o que levou à perseguição de ambos os lados, resultando no fechamento de inúmeras escolas, inclusive a Yásnaia-Poliana.

Entre 1798 e 1825, Johan Henrich Pestalozzi (1746–1827) dirigiu quatro instituições na Suíça, sempre voltadas para o filantropismo. Este educador notabilizou-se pela crença na bondade humana, a exemplo de Rousseau. Para ele, todo homem nasce bom e possui uma essência divina constituída pela bondade natural, entretanto, a sociedade o corrompe. A edificação da moral humana tomava por base os princípios religiosos, não exatamente os doutrinários, mas aqueles cuja constituição ocorresse pelas experiências intuitivas, ou seja, pelo sentido do amor e da fraternidade. Para Pestalozzi, a educação deveria ser construída à semelhança das relações familiares e com foco naquilo que faça sentido e que seja útil para as crianças. O aprendizado deveria ser conduzido pelo próprio aluno, tomando por base sua experimentação prática; ou seja, o ato de fazer possibilita o aprender. Segundo Singer (1997: 87), Pestalozzi não seria incluído na lista dos educadores da escola democrática por não propor "a participação das crianças nas decisões das instituições", porém "[...] suas ideias devem ser situadas numa linha de continuidade que vai de Rousseau a Korczak".

O médico pediatra Janusz Korczak (1878-1942), cujo nome verdadeiro era Henryk Goldszmit, foi também educador e escritor. O ponto fundamental defendido por Korczak enfatizava o respeito que o educador deveria ter para com o educando, levando a sério sua opinião. A não consideração para com o educando poderia oprimir sua personalidade e seu amor-próprio. Ao invés de forçar a criança a fazer algo, o primordial seria dar-lhe a oportunidade de se convencer, tomando por base suas próprias experiências em um ambiente de confiança e respeito.

Janus Korczak toma rumo diferente do pensamento de Rousseau e Pestalozzi quando reconhece que as crianças possuem maus instintos. Em sua opinião, não há uma perfeição, muito menos a eliminação de tais instintos, mas pela educação seria possível acalmar a criança. Se por força opressiva o adulto desrespeita a individualidade com castigos e maus-tratos, acabará incentivando a maldade na criança. Sua obra *O Direito da Criança ao Respeito* foi adotada pela Organização das Nações Unidas (ONU) como base para a Declaração dos Direitos da Criança. Em 1912, o educador inaugura o orfanato Lar das Crianças, em Varsóvia, acolhendo cerca de duzentas crianças judias carentes. Mantido pelos judeus ricos do país, o orfanato era um lugar confortável e que possuía em sua infraestrutura até mesmo uma sala silenciosa para meditação e estudo. Tal espaço era utilizado também para que as próprias crianças realizassem a administração do orfanato, pensada como duas instituições básicas: o Parlamento e o Tribunal. Essas instituições eram responsáveis por organizar e solucionar os conflitos na comunidade, permitindo às crianças e aos educadores experimentarem o espírito participativo. O Tribunal tinha por objetivo preservar os direitos dos habitantes do orfanato, podendo conceder perdão ao culpado, porém prevendo também penalidades. O Parlamento decidia as normas da Constituição, era composto por vinte deputados, um presidente e um secretário, que escolhiam entre si os cinco membros da Comissão Legislativa e o Senado. Apesar de a República contar com dois jornais, o meio mais rápido e eficiente de informação eram as listas penduradas pelos cantos dos prédios. Havia ainda o plebiscito, que poderia acontecer em caráter imediato, quando se desejava saber a opinião sobre alguém. A função do educador pautava-se pela observação constante dos educandos, elaborando anotações sobre eles, para posterior troca de opiniões com Korczak. As experiências obtidas no orfanato exerceram enorme influência em outras escolas e instituições durante e após o período da Segunda Guerra Mundial.

Porém, o sonho de Korczak termina de forma trágica, quando, em 1942, os nazistas obrigaram a transferência do orfanato para uma pequena casa suja, no gueto de Varsóvia. No dia 10 de agosto do mesmo ano, ele e suas crianças são levados para as câmaras de gás em Treblinka.

O psicanalista americano Homer Lane (1875–1925) atuava, desde 1913, como superintendente da Little Commonwealth, uma escola-reformatório em Dorsetshire, na Inglaterra. Lane realizou um trabalho semelhante ao de Korczak, mesmo sem terem se conhecido. Essa escola cuidava de crianças e adolescentes de idades variadas, e muitos (os maiores de treze anos) teriam cometido algum tipo de infração, ali residindo temporariamente. Homer Lane notabilizou-se pelo seu método da autogestão, que vinha sendo idealizado havia muitos anos na Ford Republic, em Detroit, nos Estados Unidos, e que previa a elaboração das regras pelas assembleias, formadas pela comunidade. O cuidado com a vida comunitária permanecia a cargo da Corte, que criava as leis, e do Tribunal, que se encarregava das violações, caso elas acontecessem. Essa instituição não tinha o formato de uma prisão, mas, muitas vezes, seus integrantes acabavam sendo trazidos de volta pela polícia quando decidiam sair espontaneamente.

Na visão de Homer Lane, o conhecimento na criança acontece de forma natural, inconsciente, e por etapas graduais e lineares (MORUZZI, 2005). A primeira etapa acontece do nascimento até os dois ou três anos de idade, seguida pela "idade da imaginação" (de dois ou três até os sete anos). Nessa fase, ocorre a desmama, a descoberta do corpo e do poder que ela pode exercer sobre os adultos através de gritos e choros. Essa fase envolve a curiosidade natural na criança, não devendo ser interferida pelo adulto, sob risco da ocorrência de traumas e fobias que poderiam marcar o resto de sua vida. Após essa fase, surge a etapa da "autoafirmação" (em torno dos sete aos onze anos) e a "idade da lealdade" (dos onze até os dezessete anos, aproximadamente). A criança desenvolve a autoconsciência de forma natural pelas motivações vivenciadas e que modificam seu comportamento. A primeira dinâmica ocorre na mente de forma inconsciente, a chamada energia instintiva, e, em paralelo, ocorre a manifestação do consciente pela autodireção, vontade e curiosidade.

Mas, em 1918, Little Commonwealth acabou sendo fechada. Houve a denúncia de que duas ex-internas teriam sido molestadas sexualmente por Lane, fato este nunca comprovado (SINGER, 1997: 106).

Alexander Sutherland Neill (1883-1973) conheceu Homer Lane em visita a Little Commonwealth em 1917, impressionando-se com o trabalho desenvolvido por ele. Neill foi o fundador de uma das mais conhecidas e polêmicas escolas democráticas, localizada na Inglaterra: a Summerhill. Em 1926, ele publica o livro *The Problem Child*, que obteve enorme sucesso em vendas, contando sobre suas vivências com crianças tidas como "problemas" e transferidas de outras escolas. Em 1936, em visita à Noruega, conhece o psicanalista Wilhelm Reich com quem troca correspondências durante cerca de vinte anos. Neill interessou-se pelos estudos de Reich sobre o tratamento da neurose que tinha por fundamento a análise verbal e a intervenção física na região de tensão muscular. Outro interesse de Neill nos estudos de Reich foi a tentativa de "resolução da antinomia sexualidade/civilização" (op. cit., 107), sofrendo forte influência da psicanálise em suas teorias.

O principal objetivo de Alexander Neill ao fundar Summerhill foi proporcionar liberdade às crianças para que elas pudessem pensar por si próprias. Assumindo tal postura, a questão da disciplina e de todo o direcionamento moral acabaria entrando em crise, mas essas questões não afetavam o pensamento de Neill, muito mais preocupado em cuidar para que as crianças vivessem uma infância feliz. Conforme o pensamento de Rousseau, a crença na bondade da criança o faz idealizar sua escola como o lugar mais feliz do mundo. O adulto não deveria interferir no desenvolvimento infantil, pois essa atitude é vista "como a causa da produção de uma geração de robôs, conformistas, sem vontade própria, algo adequado para uma sociedade que precisa de operários obedientes e bem treinados" (op. cit.: 111). Na opinião de Neill, o adulto moralizado revela uma tendência à negação da liberdade e é contrário aos novos pensamentos, resistindo às mudanças. "A educação livre forma pessoas que questionam as regras que regem a sociedade, se permitem pensar diferente" (op. cit.: 113).

Há dois tipos de disciplina na opinião de Neill: aquela semelhante à orquestra e aquela semelhante ao exército. Nas escolas e nas famílias, normalmente reina aquela do tipo exército, que lida com escravos, inferiores, masoquistas, ou seja, um tipo que faz uso de recompensa e punição e leva ao ódio; já a do tipo orquestra é supérflua por não possuir valor próprio, tendo como base "conjugar todos num mesmo espírito, e permitir que cada um se desenvolva ao máximo" (op. cit.: 111).

A alternativa pedagógica de Neill não estava preocupada com os aspectos didáticos propriamente ditos, mas com a felicidade e a liberdade das pessoas. Criada sem liberdade, a criança torna-se dócil e obediente, aceitando sem questionar aquilo que lhe for ensinado e no futuro tende a replicar o mesmo sentimento aos seus filhos. O aprendizado, na visão de Neill, é um "processo de aquisição dos valores do meio" (op. cit.: 114). Não é necessário ensinar às crianças como se devem comportar: desde que não sejam forçadas, elas aprenderão no devido tempo. A obediência deve ser limitada apenas às situações de risco ou que prejudiquem a vida do outro. Segundo Singer (op. cit.), a educação pautada na autorregulação significa incentivar a criança à realização de seus sonhos, libertando-a das fantasias impossíveis, encorajando-a a falar sobre si própria, tentando encontrar o amor e acabando com o instinto destrutivo do ódio.

Summerhill é a edificação dos sonhos de Neill: fundada em 1924, em Lyme Regis, na costa Sul da Inglaterra, três anos mais tarde foi transferida para Leiston, no Condado de East Suffolk, a cerca de cem quilômetros a noroeste de Londres, numa casa grande e antiga. Durante a Segunda Guerra Mundial, a escola Summerhill transfere-se para o norte de Galles, a fim de evitar os transtornos dos ataques aéreos alemães. Com o término da guerra, a escola retorna para Leiston. O número de alunos, de modo geral, sempre girou em torno de setenta, com idades variando entre cinco e dezessete anos, e, atualmente, caracteriza-se pela grande presença de estrangeiros, a maioria morando na escola. O currículo escolar de Summerhill oferece, além das matérias do ensino regular da Inglaterra, algumas especiais, como: ciências rurais, orientação sexual, japonês, russo, latim, alemão, mecânica de motocicleta, computação, artes e outras, embora nem todas sejam oferecidas o tempo todo, variando conforme o interesse dos alunos. São também oferecidas as matérias regulares, que possibilitam aos alunos acompanhar outras escolas, caso decidam ir embora. O planejamento e a avaliação escolar ocorrem semanalmente nas reuniões dos professores. As atividades fora da sala de aula são bastante importantes, tais como: "confecção, costura; escultura; construção de cabanas; conserto de bicicletas; canto; piano; formação de banda de música; leitura de revistas em quadrinhos" e outras (op. cit: 119). Mantida inicialmente pelas mensalidades e doações, mais recentemente, em 1987, foi constituída a *Friends of Summerhill Trust – Fost* (Fundos dos Amigos de Summerhill), criada pela direção da escola como uma forma empresarial de captação de recursos (op. cit.: 115).

Singer (1997) cita um fato polêmico ocorrido quando foi exibido o vídeo *Summerhill at 70*, produzido pelo Channel 4 na Inglaterra em 1993. As cenas que indignaram a opinião pública mostravam a prática de nudismo dos alunos na piscina. Segundo Singer (op. cit.: 120), a mídia foi tendenciosa, mas as cenas que mais tiveram impacto, "além dos banhos de piscina, mostravam as crianças matando um coelho, sem que nenhum narrador explicasse que ele estava doente; e um menino, que teve sua proposta derrotada nas votações da Assembleia, chorando". Embora muito polêmica, a prática sexual livre entre os alunos, afirmada pela diretora e filha de Neill, não era reprimida em Summerhill (op. cit.: 121).

O psicanalista Wilhelm Reich (1897–1957) acreditava na existência de instintos sexuais que acompanham o ser humano desde seu nascimento. A base de tais instintos na criança é constituída pela curiosidade da descoberta de si mesma e caracteriza-se pelo sentimento da pureza do prazer, sem a conotação da sexualidade reprodutiva. Em 1918, no Congresso Psicanalítico de Budapeste, Reich conta que Freud sinalizou para a necessidade de abertura de novas clínicas que atendessem às pessoas carentes para o tratamento psicanalítico convencional e, "nestas clínicas, a psicanálise deveria ser mesclada com a terapia por sugestão" (ALBERTINI, 2006). Assim, em 1920, foi criada uma clínica nesses moldes em Berlim. No ano de 1922, fundou-se outra em Viena, e Reich tornou-se seu diretor, trabalhando ininterruptamente durante oito anos. A clínica estava sempre lotada e, mesmo aumentando o número de psicanalistas, não era possível dar conta de atender a todos. Dessa experiência pôde refletir sobre a problemática da psicanálise, a terapia aplicada à massa. Reich formulou a teoria da "economia sexual", que tinha como fundamento os pressupostos marxistas sobre a questão da vida na sociedade dominada pela luta de classes e por condições econômicas que estabelecem uma relação de opressão, utilizando o poder ideológico sustentado pelo Estado. Reich procurava entender os modos como a ideologia se formava na vida psíquica e mantinha-se inalterada socialmente. Nesse sentido, ressaltou-se o papel da moral que penetra o inconsciente e inibe a sublimação humana para, assim, manter um estado de obediência. O adestramento dos instintos sexuais faria com que o ser humano aceitasse qualquer tipo de domesticação.

O desenvolvimento infantil deveria ocorrer pelo autogoverno, pelos seus instintos naturais e sem submissão à ordem alheia, pois o homem livre jamais deve acorrentar-se às ideologias sociais. A visão dos instintos sexuais aproxima Reich da questão política e social, na medida em que reprimir os instintos sexuais torna o ser humano submisso. Reich passa a defender a opinião de que as crianças devem ser educadas longe de seus pais, numa educação coletivista, assim estariam protegidas da repressão familiar. A função do educador seria auxiliá-las a substituir seus instintos primitivos, ultrapassando o princípio do prazer, na medida em que elas se desenvolvessem socialmente.

O trabalho de Wilhelm Reich trouxe o corpo para discussão no Brasil via psicanálise de José Ângelo Gaiarsa no início da década de 1980, que recoloca o pensamento de Reich no presente. Na opinião de Gaiarsa, os primórdios da leitura do corpo rendem tributos aos estudos de Reich que, ao contrário da psicanálise tradicional ouvinte, passou a observar muito mais, enfatizando um dos primeiros códigos e gramáticas não verbais da linguagem gestual.

No tocante à importância da sexualidade para o desenvolvimento infantil, nota-se que tanto os estudos de Lane como de Neill e de Reich tiveram em comum a influência das teorias de Freud (1856 – 1939). Um dos pontos de convergência entre esses educadores nesse sentido pautou-se pela defesa da manifestação do desejo e da curiosidade da criança em relação ao seu corpo. Wilhelm Reich e Homer Lane foram pontes importantes para o interesse de A.S. Neill pela psicanálise, pela busca da "cura" para a infelicidade da criança, pela libertação da emotividade e dos complexos. Contudo, a contribuição de Reich teve um peso significativamente maior justamente pelos estudos da repressão sexual.

O filósofo austríaco Ivan Illich (1926– 2002) tornou-se conhecido pela sua visão pessimista em relação à escola, contestando as estruturas educativas existentes. Era preciso *desescolarizar* a sociedade, pois sua transformação em sistema burocratizado, hierarquizado e manipulador tinha como principal função reproduzir o controle das relações econômicas. A escolaridade obrigatória àqueles que não conseguem adaptação aos temas curriculares e metodológicos ministrados, de forma rápida e superficial, faz com que o aluno perca o interesse pelo aprendizado. No entanto, embora a questão da ineficácia no sistema educativo moderno seja conhecida, Illich (1974: 6) lembra que as pessoas não são capazes de pensar numa sociedade *deses-*

colarizada, tornando-se necessário criar novas relações entre o indivíduo e aquilo que o circunda, como fontes de educação.

A criação de novas instituições de ensino teria como principais objetivos proporcionar o acesso aos recursos para aqueles que realmente querem aprender, em qualquer idade; facilitar àquele que deseja comunicar seus conhecimentos o contato com quem gostaria de recebê-los, permitindo que as ideias novas possam ser ouvidas. Ao contrário do que acontece hoje, o aluno não deveria ser obrigado a apresentar credenciais e currículo anterior para ingressar nos programas escolares. Da mesma maneira, a instituição deveria permitir, a quem partilha seus conhecimentos com os interessados, a facilitação de oportunidades.

A proposta de Illich inclui a criação de uma rede de comunicação sustentada pela informática, que permitiria aos usuários maior independência das instituições. A ideia principal é que os usuários possam escolher a instrução desejada, dinamizando a busca dos portadores de competências. São necessárias três competências educativas: os *administradores educativos*, que disponibilizariam o funcionamento das redes e sua eficiência; os *conselheiros pedagógicos*, que orientariam os estudantes e seus pais na utilização das redes e na busca do melhor caminho para atingir o objetivo; e o *iniciador educativo*, mestre encarregado de auxiliar na exploração intelectual. Illich dizia que "a desescolarização da sociedade extinguirá inevitavelmente as distinções entre a economia, a educação e a política, sobre as quais repousam a estabilidade do mundo atual e das nações" (1974: 62).

A burocratização da instituição escolar tradicional foi criticada, tanto por Paulo Freire quanto por Ivan Illich. Segundo Moacir Gadotti[2] (2001), "os dois demandaram que os educadores buscassem seu desenvolvimento próprio e a libertação coletiva para combater a alienação das escolas propondo o re-

---

[2] GADOTTI, Moacir (2001). *Contribuição de Paulo Freire ao pensamento pedagógico mundial*. Cátedra Paulo Freire, Universidade Nacional da Costa Rica, Auditório Del CIDE. San José, 19 de abril de 2001.

descobrimento da autonomia". Mas, conforme foi possível observar, Illich julga necessário desescolarizar a sociedade, numa postura mais pessimista, e, em Paulo Freire, existe um otimismo, um papel de transformação social importante (op. cit.). Para Gadotti, a semelhança dos pontos de vista de Illich e de Freire diz respeito à "crença profunda em revolucionar os conteúdos e a pedagogia da escola atual. Os dois acreditam que essa mudança é ao mesmo tempo política e pedagógica e que a crítica da escola é parte de uma crítica mais ampla à civilização contemporânea".

Dentro das perspectivas de luta pela igualdade, destaca-se também o trabalho de Myles Horton (1905–1990) e Paulo Freire. Em 1973, Myles Horton e Paulo Freire encontraram-se pessoalmente, quando foram convidados para uma conferência sobre educação em Chicago. Myles Horton fundou o Highlander Center, um centro de pesquisa no sul dos Estados Unidos, que, durante os anos de 1950 e 1960, lutara pela autonomia nos direitos civis e educacionais de jovens e adultos trabalhadores de baixa renda. Desde 1920, Horton, vinha se sensibilizando com os inúmeros problemas enfrentados pela sociedade a seu redor. O brasileiro Paulo Freire, cerca de 25 anos depois, trabalhou os ideais libertários à semelhança de Horton, e ambos se empenharam com questões que envolviam a educação, a injustiça social, a desigualdade e o racismo. Mesmo trabalhando em espaços sociais e épocas diferentes, ambos procuraram transformar a sociedade injusta em uma sociedade mais democrática, fazendo da educação participativa o instrumento de poder dos menos favorecidos.

No relacionamento com Myles Horton, Paulo Freire aponta duas ideias subjacentes (HORTON, 2005: 32). A primeira diz respeito à liberdade das pessoas em toda parte do mundo, e a segunda, à crença na capacidade das pessoas para conseguir essa liberdade pela própria emancipação. Acreditavam que a verdadeira libertação é realizada pelo engajamento popular, por uma prática educacional libertadora e participativa, que "simultaneamente cria uma nova sociedade e envolve as próprias pessoas na criação de seu próprio conhecimento" (op. cit.).

A proposta de Paulo Freire fundamenta-se nas associações entre o estudo, a experiência de vida, o trabalho, a pedagogia da liberdade e o pensamento político. Ressalta ainda a importância da tomada de consciência da situação social das pessoas e essa conscientização significava o início de uma luta. Seu trabalho despontou em 1962, na região nordeste do Brasil, que tinha cerca de quinze milhões de analfabetos (numa população de 25 milhões de habitantes). Os resultados inicialmente obtidos marcaram a opinião pública pela conquista da alfabetização de 300 trabalhadores em 45 dias.

De certo modo, a preocupação de Paulo Freire não se distingue da moderna pedagogia, voltada para a decisão e a responsabilidade social e política; porém, a especificidade de seu pensamento se dá na conquista desta responsabilidade. O saber democrático jamais é incorporado por meio do autoritarismo, ou seja, a democracia, tal qual o saber, é uma conquista conjunta. A divisão entre aqueles que sabem e aqueles que não sabem faz parte de circunstâncias históricas que deveriam ser transformadas. A estagnação econômica e social e o analfabetismo, correlacionados, criaram uma imagem de marginalização aos trabalhadores, principalmente do campo.

Para Paulo Freire (1996: 22), ensinar não é "transferir conhecimento, mas criar as possibilidades para a sua própria produção ou a sua construção [...] quem forma se forma e re-forma ao formar" (op. cit.: 23). A autenticidade da prática do ensino aprendizado participa de uma "experiência total, diretiva, política, ideológica, gnosiológica, pedagógica, estética e ética" pautada pela decência e seriedade (op. cit.: 24). Na ética universal do ser humano, a ética enquanto natureza humana é como a vocação ontológica para o ser, somada à natureza sócio-histórica, não como um *a priori* da História. "É uma natureza em processo de estar sendo" (op. cit.: 18).

A capacidade de aprender deve ser exercida criticamente, construindo e desenvolvendo a curiosidade epistemológica. Essa curiosidade precisa ser reforçada pelo educador democrático, criativo e instigador, que tem como uma das principais tarefas trabalhar o rigor metódico na aproximação dos objetos que almeja conhecer, produzindo condições que possibilitem o aprendizado crítico. Paulo Freire demonstrava aversão ao que chamava "ensino *bancário*", metáfora do sistema de bancos onde se deposita o dinheiro. Nesse sistema, o educador é visto como aquele que detém o poder do conhecimento e os educandos aqueles que não o possuem, ou seja, numa postura vertical, o educador faz as escolhas de conteúdo e os educandos nem sequer participam dessa escolha.

Um dos pontos que mais chamam a atenção no pensamento de Paulo Freire sobre o processo do aprendizado é sua associação com a importância da tomada de consciência do educando, da situação real por ele vivida. O que reforça a importância da auto-organização e da singularidade do indivíduo em tal processo.

A experiência trazida por Jacques Rancière (2004) na obra *O mestre ignorante* também aponta para uma visão contrária ao ensino bancário. São questões que incitam, entre outros pontos, a reflexão sobre a emancipação do conhecimento. Rancière resgata os ensinamentos do pedagogo francês Joseph Jacotot, que, em meados do século XIX, proclama a emancipação intelectual pela abordagem da igualdade. Acreditava que não havia necessidade de se instruir o povo, pois instruir poderia significar duas coisas opostas: o embrutecimento, que seria a confirmação de uma incapacidade, ou a emancipação, que seria forçar o reconhecimento de uma capacidade ignorada e desenvolver todas as suas consequências. Para uma aproximação com a igualdade, era preciso emancipar as inteligências, "obrigar a quem quer que seja a verificar a igualdade de inteligências" (RANCIÈRE, 2004: 12). Não enquanto questão metodológica e sim como questão filosófica ou política. Jacotot estava atento à necessidade de uma inversão na lógica do sistema explicador e, segundo sua visão, no processo explicativo, é o explicador quem precisa do incapaz, é ele que o constitui como tal, ou seja, a invenção da incapacidade do outro. Assim, procura refletir sobre a seguinte questão: "Ao invés de pagar um explicador, o pai de família não poderia, simplesmente, dar o livro a seu filho, não poderia este compreender, diretamente, os raciocínios do livro?" (op. cit.: 21). Para ele, "a instrução é como a liberdade: ela não se dá, conquista-se".

Segundo Rancière, Jacotot conseguiu ensinar a língua francesa para estudantes holandeses, embora ignorando completamente a língua falada pelos seus alunos. Utilizando-se de uma edição bilíngue da obra *As aventuras de Telêmaco*, de François Fénelon, publicada em Bruxelas, encontrou um ponto em comum que possibilitasse o diálogo com seus estudantes. Como solução de improviso, Jacotot solicitou que eles concentrassem no aprendizado pela tradução francesa e que repetissem incontáveis vezes até a memorização, seguida da leitura em holandês. Depois dessa etapa, os estudantes escreveram um texto em francês sobre o que haviam lido. Para seu espanto, além da excelência na qualidade dos trabalhos, a rapidez no aprendizado demonstrara que sua experiência havia sido bem-sucedida.

Não se tratava de "entupir os alunos de conhecimento, fazendo-os repetir como papagaios," nem mesmo buscar alternativas ao acaso, mas sim de "explicar, destacar os elementos simples dos conhecimentos" (op. cit.: 19). Jacotot defendia a igualdade intelectual entre os indivíduos, que possibilitaria a um ignorante ensinar ao seu semelhante aquilo que não conhecesse. Conforme seu questionamento sobre a lógica da compreensão através da explicação, ele diz:

> Essa lógica não deixa, entretanto, de comportar certa obscuridade. Eis, por exemplo, um livro entre as mãos do aluno. Esse livro é composto de um conjunto de raciocínios destinados a fazer o aluno compreender uma matéria. Mas, eis que, agora, o mestre toma a palavra para explicar o livro. Ele faz um conjunto de raciocínios para explicar o conjunto de raciocínios em que o livro se constitui. Mas, por que teria o livro necessidade de tal assistência? (RANCIÈRE, 2004: 21).

O explicador acaba detendo um princípio em que ele é o "único juiz do ponto em que a explicação está, ela própria explicada" (op. cit.). A chave para desvendar o segredo do mestre estaria na arte da distância, a exemplo do que "todos os filhos dos homens aprendem melhor e o que nenhum mestre lhes pode explicar – que é a língua materna" (op. cit.: 22). Para Jacotot, o mito pedagógico é a explicação. "A explicação não é necessária para socorrer uma incapacidade de compreender" (op. cit.: 23). Compreender é traduzir. Aprender e compreender estão no mesmo ato, ou seja, no ato de tradução. Quando uma inteligência é subordinada a outra ocorre o embrutecimento. Quando a vontade da criança não é suficientemente forte para se manter em seu caminho, há a necessidade do mestre. Essa relação se embrutece quando liga uma inteligência a outra. Pode-se aprender sozinho, segundo percebeu Jacotot, "pela tensão de seu próprio desejo ou pelas contingências da situação" (op. cit.: 30). Quando o mestre acredita que a criança é capaz de aprender sozinha, ela conseguirá e também se emancipará. Se um pai de família, pobre e ignorante, for emancipado, ele conseguirá ensinar seus filhos sem um explicador. O "Ensino Universal diz respeito a aprender qualquer coisa e a isso relacionar todo o resto, segundo o princípio de que todos os homens têm igual inteligência" (op. cit.: 38).

Há muitos pontos de confluência entre o pensamento de Jacotot e o de Paulo Freire, principalmente sobre o ato de ensinar. Não como mera transferência de conhecimentos, e sim promovendo a autoaprendizagem pelo processo de estabelecer relações. Ambos estão voltados para as questões políticas e sociais, embora Jacotot não trate de questões de método de aprendizagem, mas de questões propriamente filosóficas (op. cit.: 12). Já Paulo Freire propõe uma metodologia de ensino que reconheça os privilégios da prática, numa experiência educacional com as massas, não em proposição definitiva e acabada, mas, sim, em constante reformulação.

No processo de aprendizado, no caso da alfabetização, o princípio essencial está ligado à conscientização. As palavras, segundo Freire (2005: 14), dizem respeito à sua significação real; por exemplo, na palavra *"favela"* projeta-se a "representação da situação a que se refere e interessa menos como uma decomposição analítica das sílabas e letras que como um modo de expressão de uma situação real, de uma 'situação desafiadora' ". O importante em todo o processo de aprendizado é que os educandos reconheçam a si próprios, no transcorrer das discussões, como criadores de cultura. Por isso, a utilização de imagens na atividade de alfabetização deve poder expressar algo da particularidade deles, seguindo de preferência suas próprias formas de expressão plástica.

1.2 Processos do Aprendizado no corpo em formação

Para compreender os processos de aprendizado no corpo, Thelen e Smith (1994) procuraram investigar algo em comum no percurso do desenvolvimento compreendido desde a primeira divisão da célula fertilizada até a diferenciação somática e morfológica e as expressões comportamentais que transcorrem durante a vida. As pesquisadoras afirmaram que, no tocante à qualidade geral do desenvolvimento dos organismos, pode-se pensar sobre certa característica: em seus primórdios, os organismos são simples e pequenos, mas depois se tornam maiores e complexos, aumentando a constituição de partes e atividades em relação entre si, ligando "a unidade e a multiplicidade" (MORIN, 2002: 38).

A relevância do trabalho de Thelen e Smith para esta pesquisa, entretanto, é a parte que diz respeito ao estudo do desenvolvimento da locomoção infantil. Elas salientam a importância do corpo em todo o processo cognitivo. A criança, aprendendo a controlar as interações de forças do corpo em seu meio ambiente, acaba descobrindo relações em um nível que é ao mesmo tempo mental e cognitivo. Assim, o desenvolvimento locomotor faz toda a diferença, é visto como o fundamento do desafio teórico analisado, além da aplicação dos princípios direcionados para a problemática desenvolvimental.

O desenvolvimento não ocorre pelas vias inatas ou pelo aperfeiçoamento das informações prescritas e invariáveis, mas, sim, descreve momentos e possibilidades de ocorrência de certas ações em diferentes contextos como processo de comunicação em tempo real. Embora o comportamento e o desenvolvimento pareçam estar estruturados e dirigidos por regras, não há regras nem estruturas, o que existe é a complexidade. Existe a ação e a percepção recíproca, múltipla e continuamente dinâmica no sistema que busca certas soluções estáveis nas relações. Quando os elementos de um sistema complexo cooperam entre si, dão origem ao comportamento de caráter unitário e, assim, a certa ilusão de estrutura. Desta forma, há um ordenamento que permite enorme flexibilidade no comportamento para organizar e reagrupar o entorno do contexto.

A interação constante com o meio ambiente possibilita aos sistemas desenvolverem áreas de múltiplas estabilidades, representando habilidades mais diferenciadas e adaptativas que vêm com a idade (TORRES, 2000: 88). Não é possível separar o desenvolvimento, pois o organismo está agindo e pensando no meio ambiente.

> [...] a criança inicialmente apresenta movimentos espontâneos dos braços, que depois se tornam ações intencionais. As crianças aprendem a fazer isso à medida que experienciam os muitos diferentes valores dos parâmetros dos movimentos produzidos na presença de uma meta. Isso equivale a dizer que o processo de aprendizagem envolve explorar a gama de variação dos parâmetros no espaço daquele estado, e selecionar as variações que combinam com aquilo que o ambiente oferece e os objetivos que a criança tem no momento (TORRES, 2000: 89).

Na proposta de Thelen e Smith, a rejeição aos símbolos, estruturas preestabelecidas e estágios maturacionais está ligada à afirmação de que os padrões emergem no próprio fluxo dos processos. Conforme as atividades vão sendo executadas ao longo do tempo, ocorrem mudanças na bioquímica e na anatomia dos ossos e músculos, tornando-os mais fortes e densos. Existem também processos que "acontecem em escalas curtas de tempo, podendo ocorrer até em frações de segundos, como, por exemplo, as percepções e ações decorrentes das situações cotidianas" (op. cit.).

Na teoria de Thelen e Smith, estabelece-se uma analogia entre os sistemas dinâmicos não lineares e "os seres humanos [...] aos quais concernem problemas de emergência e de complexidade. Os aspectos físicos, mentais e sociais emergem, então, da conexão entre a percepção/ação" (BRITO, 2007: 73).

A importância da ação corporal foi também reconhecida pelo biólogo e psicólogo suíço e um dos ícones da pesquisa sobre a cognição infantil, Jean Piaget (1896–1980). O legado de Piaget é tão importante para os estudos infantis que, ainda hoje, sua pesquisa é referência para muitos educadores. Piaget tornou-se conhecido pela Epistemologia Genética, na qual a construção do conhecimento ocorre em função das ações físicas ou mentais sobre os objetos. Tais ações resultam em um desequilíbrio que, por sua vez, produz a assimilação ou a acomodação que constrói os esquemas cognitivos. Esses esquemas são estruturas passíveis de modificação conforme a mente se desenvolve.

O trabalho de Piaget pautou-se também pela análise da imitação, do jogo e da atividade lúdica como fontes de representação que evoluem do sensório-motor para o jogo simbólico ou de imaginação. Em relação à imitação e ao jogo, acreditava ser possível o acompanhamento no percurso da assimilação e da acomodação sensório-motora para a assimilação e acomodação mental, parte inicial da representação. "Há representação quando se imita um modelo ausente. Assim acontece no jogo simbólico, na imaginação e até no sonho". (PIAGET, 1990: 12). "Os jogos sensório-motores, de exercício, estariam relacionados à etapa da inteligência sensório-motora, prática, quando o corpo exercita seu funcionamento no sentido da conquista da autonomia" (BRITO, 2007: 45).

Thelen e Smith (1994) apontam algumas críticas à teoria de Jean Piaget, que pede atualizações. Citam os estudos de Rachel Gelman (1972) e Margaret Donaldson (1978), que observam atentamente alguns experimentos de Piaget com crianças. Elas contestaram as três afirmações da teoria de Piaget sobre: "(1) um estado inicial empobrecido; (2) descontinuidades globais na cognição através dos estágios; (3) crescimento cognitivo monolítico"[3] (THELEN & SMITH, 1994: 22). De acordo com Piaget, os bebês aprendem através de respostas reflexivas a estímulos externos. Mas os dados demonstraram que não é exatamente assim. Não há um estágio inicial empobrecido; o bebê já possui habilidades perceptivas e conceituais estruturadas (COHEN & SALAPATEK, 1975). Piaget acreditava que os progressos nas representações das crianças são descontínuos e ocorrem de acordo com os estágios maturacionais. Entretanto, há evidências de que o pensamento maduro possa ser detectado ainda cedo na vida do bebê, conforme alguns experimentos apresentaram elementos de pensamentos numéricos abstratos (WYNN, 1992). Há um núcleo comum, uma continuidade, no pensamento de bebês e adultos. De acordo com Piaget, as revoluções de desenvolvimento da estrutura cognitiva controlam e difundem toda a cognição (THELEN & SMITH, 1994: 22).

Ainda em relação à crítica proferida por Thelen e Smith (op. cit.: XVI) a Piaget, elas pontuam que o *maturacionismo* é uma teoria desenvolvimental que prescreve, em sua essência, a forma adulta antes do desenvolvimento e, assim, tais visões não levam em consideração o processo, sua realização no tempo. "O desenvolvimento não é uma especificação do resultado – o produto – mas é a rota pela qual o organismo se move de um estado inicial para um estado mais maduro"[4] (op. cit.). As pesquisadoras acreditavam na observação do processo de desenvolvimento, muito mais do que a mera teleologia dos fatos.

As diferenças e as semelhanças entre os indivíduos são importantes para os psicólogos desenvolvimentistas que tencio-

---

[3] "(1) an impoverished beginning state, (2) global discontinuities in cognition across stages, and (3) monolithic cognitive growth" (THELEN & SMITH: 1994: 22).

[4] "Development is not the specification of the outcome – the product – but is the route by which the organism moves from an earlier state to a more mature state."

navam descobrir as incógnitas do pensamento e do comportamento ao longo de suas vidas. Basicamente, na visão de Thelen e Smith, o desenvolvimento infantil acontece pelo dinamicismo, funcionando em tempo real, e o modo como as crianças adquirem as habilidades cognitivas ocorre pela ação corporal. As pesquisadoras procuram os estados globais a partir de variáveis. A explicação desenvolvimental é também compatível com os teóricos que embasaram seus estudos em Vygotsky (COLE, 1985; LURIA, 1976; ROGOFF, 1982) e que enfatizaram as origens contextuais, históricas e culturais do pensamento humano.

Enquanto para Piaget o desenvolvimento cognitivo ocorre pela *maturação*, de "dentro para fora", enfatizando a face biológica, para Lev Vygotsky (1896-1934), o ambiente exerce influência sobre as crianças e o desenvolvimento ocorre de "fora para dentro", a chamada *internalização*. Vygotsky desempenhou importante papel na teoria do desenvolvimento cognitivo, embora sua carreira tenha sido muito breve, devido a seu falecimento prematuro. Duas de suas teorias, a *internalização* e a *zona de desenvolvimento proximal*, têm enorme importância e exercem influência mesmo nos dias atuais. Seus argumentos eram que, para as crianças, signos e palavras são um meio de contato social; e a fala, um dos elementos que atuam sobre a formação dos processos mentais superiores. Para aprender, vários processos internos são acionados quando ela interage com outras pessoas em seu ambiente. Depois de internalizados, os processos passam a fazer parte das aquisições de desenvolvimento independente da criança. A *zona de desenvolvimento proximal* (ZPD) é a distância entre a capacidade de desempenho e a competência da criança.

Para Piaget (2002), quanto mais ela se torna capaz de generalizar seus estímulos, os esquemas tornam-se mais refinados. Ao ocorrer a assimilação, há também a incorporação dos meios externos a um esquema, sendo este o processo pelo qual o indivíduo capta o ambiente e o organiza, somando uma nova informação a um esquema já existente. A acomodação é a modificação de um esquema pelas particularidades do objeto a ser assimilado. Pode ocorrer de duas formas: criando-se um novo esquema onde se encaixa o novo estímulo ou modificando um existente e incluindo-o. Depois da acomodação, há uma nova tentativa de encaixe do estímulo, ocorrendo a assimilação. A equilibração é a trajetória de uma situação de menor equilíbrio para outra de maior equilíbrio. A fonte do desequilíbrio ocorre quando se espera que algo aconteça de determinada maneira e isto não acontece. O processo equilibrador da assimilação e acomodação é o responsável pelas mudanças no desenvolvimento cognitivo, e o desequilíbrio acontece nas mudanças de estágios. Piaget divide o desenvolvimento cognitivo em quatro estágios: sensório-motor, pré-operatório, operatório concreto e operatório formal.

As crianças com idade entre três e seis anos estariam na fase pré-operacional, caracterizada pelo desejo de experimentar intencionalmente os objetos físicos, tendo capacidade para pensar simbolicamente, porém sem a utilização do raciocínio lógico. As crianças imaginam seus objetos ou pessoas por intermédio de representações mentais, mas somente na fase seguinte conseguirão pensar na lógica. A comunicação verbal ocorre lado a lado com o pensamento representativo, porém de maneira egocêntrica, não apresentando muita coerência. A criança aborda aquilo que está em sua mente, e as modificações acontecem somente conforme seu desenvolvimento cognitivo prossegue. A grande limitação nesta fase é a manipulação de conceitos, pois as crianças apresentam a tendência de focalizar somente em um aspecto observável de um objeto ou uma situação.

Em seu experimento, Piaget mostrou às crianças dois trenzinhos em trilhos distintos e paralelos, que partiriam em horários diferentes. Os trens tinham pausas distintas e, logo em seguida, velocidades também distintas. Sua pergunta sobre qual seria o trem mais veloz trouxe-lhe como resposta, nas crianças entre quatro e cinco anos, que estas concentravam-se em apenas um ponto, a posição final do trem, não dando importância a outros aspectos relevantes.

A criança no estágio pré-operatório também apresenta dificuldade em relação à quantidade quando surgem mudanças, o que para um adulto seria de fácil percepção. Por exemplo: se for colocada água em um copo largo e baixo e depois transferida para um copo estreito e alto, elas tendem a acreditar que o copo alto e estreito possui maior quantidade; quando oferecidas às crianças duas bolinhas de argila do mesmo tamanho e uma delas é esticada como "salsicha", elas acreditam que aquela com formato de "salsicha" possui maior quantidade de argila; se duas linhas de lã idênticas são colocadas em paralelo e, em seguida, a linha inferior for deslocada, elas acreditarão que esta linha é maior; quando se têm duas fileiras de bolinhas paralelas e com a mesma quantidade, após espalharmos a fileira debaixo, elas acreditarão que esta fileira é maior.

Thelen e Smith (1994) questionam: qual seria a natureza do processo de desenvolvimento que se encaixaria aqui? As crianças pré-escolares podem fazer inferências transitivas e, aparentemente, utilizando os mesmos mecanismos que os adultos, mas elas não conseguem lembrar-se de sentenças comparativas. Uma tarefa de inferência transitiva consiste em inferir-se uma terceira relação a partir de outras duas. Essas crianças conseguem seriar em suas mentes, mas não na realidade. Elas podem fazer inferências transitivas, mas necessitam de um suporte muito especial para realizar a tarefa, pois, em seus cotidianos, raramente fazem tais inferências transitivas.

Thelen e Smith (1994: XX) questionam ainda alguns pontos da teoria de Piaget, por exemplo, no caso da equilibração como um processo fundamental de aquisição de novas estruturas. Segundo elas, "Piaget adaptou sua formulação de equilibração deliberadamente do embriologista Waddington (HAROUTUNIAN, 1983), e a metáfora raiz é orgânica e sistêmica",[5] mas não houve uma investigação adequada quanto ao processo por parte de Piaget e o foco direcionou-se para o resultado estrutural. As pesquisadoras argumentam que as seguintes questões não foram devidamente respondidas: "O que é equilibração? Por que e como o organismo procura uma relação estável com o

---

[5] "Piaget adapted his formulations of equilibration deliberately from the embryologist Waddington (HAROUTUNIAN, 1983), and the root metaphor is both organic and systemic".

seu meio ambiente? O que move o organismo a buscar novos níveis de resolução de problemas?"[6] (THELEN & SMITH, 1994: xx). As crianças de idades diferentes interagem de maneiras qualitativamente diferentes e, mesmo não sendo possível descrever essas diferenças, o comportamento de uma criança de um ano de idade não é o mesmo de uma de três anos e assim sucessivamente. Numa visão geral, as diferenças intelectuais entre crianças de diferentes idades se parecem com as descritas por Piaget.

> Apesar disso, o consenso científico acredita que parte da teoria de Piaget que afirma que as mudanças nas estruturas lógico-matemáticas, aquelas que fundamentam a cognição, estão incorretas. A teoria cognitiva de Piaget enquadra-se na ordem do desenvolvimento em larga escala, mas falha ao tentar capturar em detalhes a complexidade e a desordem do desenvolvimento cognitivo (THELEN & SMITH, 1994: 22).[7]

Piaget e Vygotsky tinham profundo interesse pelas respostas incorretas dos testes aplicados nas crianças. Vygotsky acreditava que deveríamos proporcionar a elas um ambiente de avaliação mais dinâmico e, a cada resposta errada, a criança deveria receber uma sequência gradual de sugestões, facilitando a resolução dos problemas. A capacidade para utilizar as sugestões seria avaliada averiguando-se a maneira como a criança pode expandir-se. Para ele, toda psicologia estaria relacionada com o desenvolvimento e deveria consolidar as práticas de observação, experimentação e análise. A observação e a experimentação representariam um microcosmo do desenvolvimento. A análise

---

[6] "What is equilibration? Why and how does the organism seek new levels of problem solving?"

[7] "Nonetheless, the scientific consensus is that the part of Piaget's theory that posited changes in the logicomathematical structures that underlie cognition is wrong. Piaget's cognitive theory fit the orderliness of development on the large scale, but it dramatically failed to capture the complexity and messiness of cognitive development in detail".

se concentraria no surgimento do pensamento superior pelas relações entre indivíduo e grupo; e a experimentação promoveria o desenvolvimento "fazendo com que o pensamento superior" surgisse para "o exame controlado" (FRAWLEY, 2000: 94).

Thelen e Smith trabalham com variáveis biológicas na abordagem dinâmica e com atividades neuronais, ao invés de símbolos, conforme já apontado no início deste capítulo. "O corpo não deve ser entendido como um produto pronto", as imagens mentais estão sempre fluindo de maneira contínua e "as representações corpóreas nem sempre são simbólicas" (GREINER, 2005: 36). As pesquisadoras recusam a separação entre cognição e sua encarnação. Para elas, a cognição não se move em passos determinados. "O desenvolvimento cognitivo não se parece com uma banda marchando; ela se parece mais com uma multidão se movendo".[8]

No sistema educacional da atualidade, embora nos primórdios de uma mudança, a maioria das instituições de ensino ainda operam sob o domínio da individualização, da separação dos educandos por classes e pautado pela construção da figura do professor como um vigia que é o centro de todo o processo. Caberia aqui uma analogia com a metáfora do *Panopticon*, de Jeremy Bentham, um projeto de arquitetura de vigilância "ao mesmo tempo global e individualizante". Eram poucos os textos, os projetos referentes às prisões em que o "troço" de Bentham não se encontrasse. Ou seja, o *"panopticon"*.

> O princípio é: na periferia, uma construção em anel; no centro, uma torre; esta possui grandes janelas que se abrem para a parte interior do anel. A construção periférica é dividida em celas, cada uma ocupando toda a largura da construção. Estas celas têm duas janelas: uma abrindo-se para o interior, correspondendo-se às janelas da torre; outra, dando para o exterior, permite que a luz atravesse a cela de um lado a outro. Basta então colocar um vigia na torre central e em cada cela trancafiar um

---

[8] "Cognitive development does not look like a marching band; it looks more like a teeming mob". (THELEN & SMITH, 1994: 22).

louco, um doente, um condenado, um operário ou um estudante. Devido ao efeito da contraluz, pode-se perceber da torre, recortando-se na luminosidade, as pequenas silhuetas prisioneiras nas celas da periferia. Em suma, inverte-se o princípio da masmorra; a luz e o olhar de um vigia captam melhor que o escuro que, no fundo, o protegia (FOUCAULT, 2000: 210).

Foucault (op. cit.) reconhece ainda que, mesmo antes das ideias de Bentham, já existia esta mesma preocupação, e um dos primeiros modelos de isolação foi colocado em prática na Escola Militar de Paris em 1751. Eram construções feitas de celas envidraçadas que permitiam a vigilância dos alunos mesmo durante a noite. Quando o irmão de Bentham visitou essa Escola Militar, teve a ideia do Panopticon, mas a formulação é de autoria de Bentham. Um sistema ótico que facilita o exercício do poder. E complementando, "cada um permanece em seu lugar porque pode estar sendo vigiado, sem fazer contato com seus companheiros, e permitindo que o poder se exerça automaticamente" (SINGER, 1997: 44).

Para Michel Foucault (2000: 215), Bentham complementa Rousseau no tocante ao sonho rousseauniano de estabelecer uma sociedade transparente, sem zona obscura, nem privilegiada pelo poder real, pelas prerrogativas de tal ou tal corpo, e Bentham é tudo isto e também o contrário, ao colocar a questão da visibilidade organizada pelo olhar dominador; "os dois se complementam e o todo funciona: o lirismo de Rousseau e a obsessão de Bentham".

Em relação ao ensino e à pesquisa, caberia ainda, analogamente ao que pontuou Muniz Sodré (2005), a urgente necessidade de uma crítica aos paradigmas vigentes e a busca por um novo paradigma, principalmente em relação ao diálogo com o entorno e com a realidade.

O surgimento das propostas democráticas seria uma resposta para tal busca? Segundo Singer (1997: 165), nas escolas democráticas o grande fator diferencial é que o poder pertence a todos, e as regras, estas sim, são frequentemente examinadas.

A análise foucaultiana tem sido uma das "mais propícias para determinar o ponto de ruptura das escolas democráticas em relação ao modelo dominante" (op. cit.: 25). Lembrando que o viés da autonomia na criança "não se dá unicamente mediante a 'conscientização', passando também pelas dimensões inconsciente, emocional e mesmo física" (op. cit.). O movimento das escolas democráticas recusa os mecanismos de sujeição, sendo estudado por Singer como um saber não dominado pelo poder, "como uma possibilidade de resistência ao controle da vida, reivindicando a autonomia das crianças sobre o seu próprio corpo" (op. cit.: 47).

Nas experiências em que o corpo participa, uma das questões estudadas pelos cientistas da cognição diz respeito a como despontam as questões que envolvem a emoção.

> A razão não é desencarnada nem tampouco transcendente, universal; ao contrário do que se tornou consensual, ela não é sequer consciente e sim, na sua maior parte, inconsciente; também não é literal, e sim, altamente metafórica e imaginativa; e não é neutra, mas sim carregada de emoção. Compreendendo que razão e emoção fazem parte da mesma ação de conhecer, que natureza não se contrapõe à cultura, caminha-se com mais conforto para a hipótese de que o corpo é, então, aquilo que a evolução permitiu que ele fosse – uma seleção entre as informações disponíveis no universo, operada ao longo de milhões de anos, desde que a vida surgiu (KATZ, 2004).

Na ação de conhecer, Paulo Freire (1996: 45) pontua que existe, na vida cotidiana dos professores e alunos, algum pormenor que possui peso significativo, apesar da pouca importância dada: o valor dos sentimentos e das emoções.

Este tema vem sendo discutido por vários cientistas e filósofos há algum tempo, mais exatamente a partir do final da década de 1980, dentro de uma tendência chamada "terceira cultura". Segundo o editor John Brockman (apud GREINER,

2005: 34), "a terceira cultura consistiria na novíssima produção de cientistas e outros pensadores interessados no mundo empírico e em tornar visíveis os significados de nossas vidas redefinindo quem e o que somos". Alguns pesquisadores cognitivistas como Dennet (1995, 1996, 1998), Pinker (1997, 2004) e Dawkins (2001), destacam-se nos estudos do corpo biológico em relação com o ambiente, porém, diante da necessidade de um recorte teórico, nesta tese será dado enfoque para as pesquisas de António Damásio (2004), Humberto Maturana e Francisco Varela (2001), Francisco Varela, Evan Thompson e Eleanor Rosch (1991); no tocante à educação, o pensamento de Paulo Freire (1992, 1996) e Silvio Gallo (2000); e, em relação à comunicação, Muniz Sodré (2002, 2006) e Martin-Barbero (2004).

António Damásio (2004) discute a natureza e o significado humano do sentimento pelo viés da neurociência. Os sentimentos podem revelar o estado da vida dentro do organismo. A ciência negava qualquer explicação neurocientífica para os fenômenos mentais, mas, ao estudar os doentes neurológicos, várias hipóteses foram levantadas:

> Primeiro, era óbvio que certas espécies de sentimentos podiam ser bloqueadas pela lesão de um setor cerebral discreto; a perda de um setor cerebral específico implicava a perda de uma classe específica de fenômeno mental. Segundo, era também óbvio que sistemas cerebrais diferentes controlavam diferentes espécies de sentimentos; a lesão de uma certa região anatômica cerebral não causava a perda de todas as formas possíveis de sentimento. Terceiro, quando os doentes perdiam a capacidade de exprimir uma certa emoção também perdiam a capacidade de ter o correspondente sentimento. [...] A emoção e o sentimento eram irmãos gêmeos, mas tudo indicava que a emoção tinha nascido primeiro, seguida pelo sentimento, e que o sentimento se seguia sempre à emoção como uma sombra. (DAMÁSIO, 2004: 13–14.)

No processo de sentir (DAMÁSIO, 2000: 192), o modo como experienciamos depende de como compreendemos o que é consciência. Não é suficiente a descoberta das substâncias químicas que permeiam os sentimentos e emoções, é preciso "descobrir de que modo as representações do corpo se tornam subjetivas, de que modo se tornam parte do ser que as possui". Em relação ao sentimento, existem dois componentes principais no mecanismo neural que estão por baixo de tal questão. O primeiro se registra no início do processo e o segundo está ligado ao "eu". O cérebro necessita de um meio para representar a ligação de causa entre um indivíduo e o estado do corpo. As associações positivas ou negativas que ocorrem acontecem provavelmente na zona de convergência que intermedeia "os sinais do corpo e os sinais relativos à entidade que causa a emoção". Com isto, preserva-se a ordem no início de toda a atividade cerebral, mantendo a "atividade e atenção por meio de conexões de feedback" (op. cit.: 193).

As emoções são conjuntos complexos de reações neurais e químicas formadoras de um padrão que possui um papel regulador a ser desempenhado. Estão ligadas à vida do organismo, ao corpo, tendo como responsabilidade auxiliar a conservação da vida por processos determinados biologicamente, "a variedade de reações emocionais é responsável por mudanças profundas na paisagem do corpo e do cérebro" (op. cit.: 75). Existem também as emoções de fundo, aquelas perceptíveis nos indivíduos mesmo que não ditas em palavras, mas observadas pelos gestos, posturas ou movimentos do corpo; por exemplo, quando esses indivíduos estão irritados, felizes, angustiados, animados. "Em suma, certas condições de estado interno engendradas por processos físicos contínuos ou por interações do organismo com o meio, ou ainda por ambas as coisas, causam reações que constituem emoções de fundo" (op. cit).

Todo processo ontogênico no ser vivo acontece em transformação estrutural contínua. Esse processo não interrompe sua identidade "nem seu acoplamento estrutural com o meio desde seu início até a desintegração final" (MATURANA & VARELA, 2001: 143). Os pesquisadores citam o curioso caso de duas meninas de uma aldeia bengali do norte da Índia, que, em 1922, foram encontradas por missionários vivendo com uma família de lobos. Elas cresceram em total isolamento de qualquer contato humano, ingeriam carne crua, não falavam, caminhavam de quatro e seus hábitos eram noturnos. As crianças tinham, respectivamente, cinco e oito anos de idade, eram sadias, e não apresentavam nenhum tipo de debilidade em sua capacidade mental. A menina menor faleceu algum tempo após ser retirada de seu habitat e a maior viveu por cerca de dez anos. A menina que sobreviveu, com o passar dos anos, aprendeu a caminhar sobre os dois pés, mudou seu hábito alimentar e, embora fizesse uso de algumas palavras, jamais chegou a falar. Maturana e Varela afirmam que, apesar de as meninas terem a anatomia e a fisiologia humana, elas não "chegaram a acoplar-se ao contexto humano. [...] Nós, seres de carne e osso, não somos alheios ao mundo em que existimos e que está disponível em nosso existir cotidiano" (2001: 146).

Nas práticas pedagógicas e suas experiências de troca com o mundo, destaca-se a visão de Paulo Freire (1996: 72), que chama a atenção para a prática educativa com alegria e esperança. "Há uma relação entre a alegria necessária à atividade educativa e a esperança". A esperança do aprendizado conjunto entre professor e aluno, produzindo a alegria. "A esperança faz parte da natureza humana. A esperança é uma espécie de ímpeto natural possível e necessário, a desesperança é o aborto deste ímpeto".

Não se podem apartar a melhoria da aprendizagem e a possibilidade de ensino e pesquisa, mas as áreas do conhecimento não passam de recortes de domínios mais amplos (GREINER, 2005: 126). Pensando nos estudos do corpo, "não basta o esforço de colar conhecimentos buscados em disciplinas aqui e ali. Nem trans nem interdisciplinaridade se mostram estratégias competentes para a tarefa. Por isso, a proposta de abolição da moldura da disciplina em favor da indisciplina que caracteriza o corpo" (KATZ apud GREINER, 2005: 126).

Na obra *Antropológica do espelho*, Muniz Sodré traz a abordagem *indisciplinar* (2002: 235) como "um percurso cognitivo que é da ordem da radicalidade do trans, isto é, de um campo de relações hipertextuais ou de interfaces entre os 'seres de espírito' ". Sodré (op. cit.: 233) explica "a especificidade da vinculação social em sentido lato como um núcleo objetivo de uma ciência da comunicação. Em sentido estrito, a evidência de que as práticas socioculturais ditas comunicacionais ou midiáticas vêm se instituindo como um novo campo de ação social chamado bios midiático". É necessária uma outra posição interpretativa para o campo da comunicação, que dê conta da diversidade de trocas que trazem consigo os dispositivos do afeto, daquilo que está além do conceito, que diz respeito muito mais ao sensível do que ao racional. "Por exemplo, a dimensão da corporeidade das experiências de contato direto em que se 'vive', mais do que se interpreta semanticamente, o sentido: sentir implica o corpo, mais ainda, uma necessária conexão entre espírito e corpo" (SODRÉ, 2006: 13). Neste caminho teórico, Sodré aponta a importância do sentimento e da emoção, considerando-os subjacentes a uma nova forma de socialidade.

Nos estudos comunicacionais, o pensamento de Martín-Barbero (2004) define-se pela *dimensão cultural-sócio-histórica* como eixo essencial de seu raciocínio. Segundo este autor, é necessário, compreender o processo histórico na construção do conhecimento em comunicação para não se correr o risco de definir a comunicação como um *objeto abstrato*. Martin-Barbero estuda os processos de comunicação na América Latina através da diversidade temporal e cultural, utilizando a metáfora de mapas, lugares, territórios e trajetórias como metodologia para o entendimento das pesquisas e métodos no estudo da comunicação. O autor aponta a comunicação como um processo de dominação citando a análise de Paulo Freire sobre as questões da opressão interiorizada, "quando o oprimido via no opressor seu testemunho de homem" (MARTIN-BARBERO, 2004: 21). O autor cita também o pesquisador chileno Martin-Hopenhayn (op. cit.: 352), que estabelece os "códigos da modernidade" como objetivo básico da educação, condizentes com uma sociedade democrática. Esses códigos são: "formar recursos humanos, construir cidadãos e desenvolver sujeitos autônomos". A escola deve assumir os desafios que as inovações tecnoprodutivas e laborais traçam em termos de novas linguagens e novos saberes, pois seria suicídio alfabetizar para uma sociedade cujas modalidades produtivas estivessem desaparecendo. Mas não significa formar e adequar os recursos humanos para a produção. Na construção do cidadão, a educação deve ser capaz de ensinar a ler o mundo com "mentalidade crítica, questionadora, desajustadora da inércia, desajustadora do acomodamento na riqueza, ou da resignação na pobreza"; uma educação capaz de trabalhar a cultura política no cidadão. A educação deve procurar desenvolver sujeitos autônomos para que possam sobreviver a uma sociedade que homogeneíza, mesmo quando cria possibilidade de diferenças. De modo geral, tal pensamento é bastante próximo ao de Paulo Freire.

Silvio Gallo (2000) levanta esta questão: "qual seria a função da escola atualmente? A instrução, a transmissão de conhecimentos ou a formação integral da pessoa?" Para o autor, no próprio conceito de educação perpassa uma crise. Educação e instrução são processos complementares que formam o indivíduo. A educação não é a mera transmissão de conhecimentos, é necessário também refletir sobre a postura diante da realidade. E essa postura não se adquire pelo discurso. A instrução fornece os meios básicos para que o aluno possa participar da sociedade em que vive. Qualquer aula acrescenta ao aluno, mas não pelo discurso do professor e, sim, "pelo posicionamento que assume em seu relacionamento aos alunos, pela participação que suscita neles, pelas novas posturas que eles são chamados a assumir". Não pelo confinamento em sala de aula, mas, sim, pelas inúmeras relações que ocorrem no ambiente escolar, com a comunidade, com os outros alunos, funcionários, professores. A formação integral do educando requer "a instrumentalização; a transmissão dos conteúdos; a formação social pelo exercício de posturas e relacionamentos que sejam expressão da liberdade, da autenticidade e da responsabilidade".

No processo de conhecer, ainda retomando Paulo Freire, a experiência de abertura é algo fundamental para o "ser" inacabado diante do mundo e em busca de explicações para suas inquietações. O fechamento torna-se transgressão à natureza da incompletude. Nessa abertura surge "a relação dialógica que se confirma como inquietação e curiosidade, como inconclusão em permanente movimento na História" (FREIRE, 1996: 136).

Mas, com o crescimento informacional e a saturação de dados do mundo contemporâneo, o significado do "saber" vem sofrendo modificações nunca antes observadas, conforme pontua o professor, laureado com o prêmio Nobel, Herbert Simon. Seu pensamento complementa a proposta de Paulo Freire. Não se trata mais de conseguir as informações: "o indivíduo deve ser capaz de encontrá-las e usá-las".[9] É muito difícil a obtenção de uma cobertura educacional ampla à magnitude do conhecimento. Portanto, a tarefa poderia ser pensada em termos de auxílio aos estudantes no sentido de desenvolver ferramentas e estratégias intelectuais de aprendizagem necessárias para dar sustentabilidade à inquietação e à curiosidade.

1.3 Procedimentos da Escola Lumiar

A formação da Escola Lumiar começou por iniciativa do empresário Ricardo Semler, autor de vários projetos polêmicos: entre eles, *Virando a própria mesa*. Tal obra trata, sobretudo, da desconstrução dos mecanismos condicionantes que reinavam nas estruturas de sua empresa. Ainda muito jovem, Semler, ao assumir o comando corporativo, enfatizou a necessidade de uma proposta inovadora de gestão. Uma das principais transformações aconteceu no início dos anos 80, com a proposta de abolir os cartões de ponto e romper com o sistema hierárquico da Semco S/A, empresa ligada ao setor de serviços, maquinários e computação. Semler destacou-se pela atitude inclusiva voltada à gestão participativa, que possibilitava maior liberdade e ousadia criativa aos colaboradores. Baseado no êxito obtido

---

[9] H.A. Simon, "Observations on the Sciences of Science Learning". Elaborado para o Committee on Developments in the Science of Learning for the Sciences of Science Learning: an Interdisciplinary Discussion. Department of Psychology, Carnegie Mellon University, 1996.

por sua proposta, tornou-se consultor requisitado, proferindo centenas de palestras em diversos países.

Do plano empresarial para o educacional, a proposta fundamentada pela gestão democrática exigiu repensar a sala de aula rompendo com os amálgamas vigentes até então. Nesse processo, que envolveu anos de maturação, criou-se a Fundação Semco e o Instituto Lumiar, do qual a Escola Lumiar faz parte como projeto experimental.

A Fundação Semco é a instituição responsável pela captação de recursos financeiros e suporte aos alunos bolsistas. Um dos objetivos da escola é possibilitar a convivência de pessoas de diferentes culturas, origens sociais e idades, construindo em conjunto um conhecimento sem hierarquias, em que os jovens adquirem a capacidade de valorizar e aprender com as diferenças. O projeto inicial da Escola Lumiar contou também com a parceria da socióloga e pesquisadora Helena Singer, estudiosa das escolas democráticas de inúmeros países e autora do livro *República de crianças*, resultado de sua dissertação de mestrado desenvolvido na Universidade de São Paulo.

Comum a todo processo democrático, as mudanças e reestruturações fizeram parte do contexto da formação dinâmica. Em dezembro de 2006, Helena Singer e alguns educadores decidiram pelo seu afastamento da Escola Lumiar, fundando outra instituição pautada pelos mesmos princípios democráticos. A Escola Lumiar iniciou sua atividade voltada para a construção de um projeto baseado na autogestão infantil. Nela, as próprias crianças estabelecem suas regras, decidindo em assembleias questões relacionadas aos seus interesses na aprendizagem. As crianças têm o mesmo poder de voto que seus pais, educadores e funcionários, não havendo separação por classes nem por procedimentos seriados.

Em 2003, no início de sua formação, a escola contava com 22 alunos, de idades que variavam entre dois e seis anos, e, gradativamente, essa proporção foi ampliada para idades maiores. Em 2005, estudavam 52 crianças com idades entre dois e doze anos, tendo sido incorporado, conforme previsto, o ensino fundamental, segundo a legislação brasileira, a LDB (Lei de Diretrizes e Bases para a Educação). As novas formas de organização escolar tornaram-se possíveis, conforme lembrou Helena Singer, quando a LDB desde 1996 e os PCN (Parâmetros Curriculares Nacionais) de 1998 romperam com a rígida compartimentação do ensino por disciplinas. Em 2006, a escola contava com setenta educandos matriculados, com idades entre dois e catorze anos. Em 2007, com a reestruturação da escola, o número de alunos diminuiu para 65, mas com planos para captação de novas matrículas e viabilização da autossuficiência financeira, dentro do projeto que leva em conta a autogestão.

Conforme pontuou o pedagogo Antonio Carlos Gomes da Costa, "o desafio da escola sem sala de aula é romper com a turma como escala e romper com a sala de aula como espaço" (SEMLER, 2004: 38). Nesse sentido, na Escola Lumiar "procura-se dissolver as fronteiras do espaço físico do antigo casarão, quebrando a geografia educacional" (op. cit.: 9) e destituindo a soberania de objetos-símbolo tradicionais, como a lousa e a carteira. Funda-se um espaço de convivência em que paredes internas são derrubadas, abrindo-se para novos ambientes. As portas e janelas não são molduras divisórias de ambientes e, sim, parecem mesclar o interno ao externo, harmonizando a natureza de fora ao concreto de dentro. Tal planejamento pode ser lido como transmissão de uma estesia à criança e ao visitante. Nesse contexto, vale lembrar a atuação das comissões de espaço, que são grupos de voluntários formados por alunos, pais, educadores e mestres, com o objetivo de refletir sobre questões de ordem estética e funcional das áreas de circulação da escola.

De maneira geral, os educadores são os orientadores dos educandos e responsáveis pelos seus cuidados e suportes rotineiros – são os profissionais vinculados à escola. Os mestres são especialistas em alguma área do conhecimento, não tendo necessariamente a formação em pedagogia, mas, sim, o requisito básico da paixão pela área a ser ministrada. A proposta dos mestres é apresentada em forma de projeto (alguma área de conhecimento e de interesse) e cadastrada no banco de dados a ser consultado conforme a necessidade dos educandos. Tal projeto se limita a três meses de aplicabilidade e sua continuidade é determinada pelas crianças.

As práticas vividas pela Escola Lumiar em seu dia a dia são comumente comparadas à escola inglesa Summerhill, já apresentada no início desta tese, entretanto essa comparação não é bem recebida pela equipe da Lumiar, pois, apesar de ambas seguirem os princípios democráticos, muitas diferenças podem ser apontadas em seus procedimentos. A Escola Summerhill caracteriza-se pelo convívio dos alunos em forma de internato e as aulas são organizadas por disciplinas, em esquema de seriação, partindo do princípio de que a presença dos pais atrapalha a liberdade dos alunos, oposto ao que acontece na Lumiar, onde os pais participam democraticamente.

1.4 O "Mosaico" como enredamento de saberes

Pensado conforme a metáfora de um mosaico artesanal, elaborado pela justaposição de peças menores que possibilitaria a construção de uma peça maior, o Mosaico, como aplicativo, seria a concretização da ideia de um instrumento metodológico para a elaboração do conhecimento, ou seja, pelo desenho dos projetos se permitiria visualizar o percurso dos interesses das crianças.

De modo geral, a proposta do "Mosaico" poderia ser pensada como a metáfora de um aplicativo multimidiático formado pelo enredamento de saberes, caracterizado pela construção auto-organizativa dos educandos e por um ambiente educacional com propósitos democráticos. Na fomentação da aprendizagem, de acordo com as particularidades características da criança em seu processo de formação, propõe-se observar e discutir a ideia dos formulários impressos em que a abordagem das artes, em geral, é destacada pela voz das próprias crianças.

O mestre descreve suas atividades em forma de relatório, que será uma peça no projeto macro. O Mosaico pretende estabelecer o enredamento de saberes e a cooperação descompartimentada. No transcorrer desta pesquisa, o Mosaico encontrava-se em fase de desenvolvimento e, assim, os registros estavam sendo organizados em formulários referentes a um trimestre de atividades e divididos em: *Mosaico do Estudante; Mosaico do Projeto e Relatório sobre o Educando.*

Enquanto peça de composição do Mosaico, têm-se como parâmetro descritivo alguns escritos de educandos, do ensino Fundamental II, preenchidos de forma impressa. Atualmente, o aplicativo macro encontra-se em fase de desenvolvimento pelos programadores de uma grande companhia multinacional. Em 2006, a Escola Lumiar teve seu projeto selecionado para receber suporte e auxílio na construção do Mosaico. Mesmo pelos formulários impressos, é possível a visualização dos caminhos que a criança percorreu, a exemplo do "Mosaico Individual", em que, pelo Projeto *Maquetes*, a criança também aprende sobre matemática e artes.

O que diferencia esses formulários dos convencionais, adotados pelas escolas tradicionais, diz respeito ao seu modo de organização, que permite ao educando a participação nas decisões sobre aquilo que gostaria de aprender. Além disso, essa peça (como uma peça de mosaico) será inserida em um aplicativo que possibilite ser trabalhado *on-line*, a qualquer momento. O sistema está cadastrado no *site* da *Wikipedia* e os dados são frequentemente modificados pelos educandos, educadores e mestres. Ainda em processo, está sendo construído pela elaboração de registros, relatórios e acompanhamentos. Os relatórios fornecem a imagem do desenvolvimento dos projetos e do interesse dos educandos como etapa fundamental enquanto instrumento de acompanhamento. A atenção volta-se aos interesses das crianças observando suas ações. Essas ações permitem averiguar o itinerário de descobertas.

A posição do mestre que oferece o conhecimento somente aos interessados exige maior esforço e atenção na conquista da audiência, o que, talvez, viabilize a estratégia de sustentabilidade na composição das peças do projeto. O respeito à singularidade da criança também é um dos pilares de sustentação e seriedade edificados pela escola. Se não há interesse, não há obrigatoriedade da permanência da atividade.

Para que se possa entender o processo de construção, ainda que de forma sintetizada, a exemplo do *Mosaico completo de uma estudante em um trimestre*, visualiza-se a organização distribuída em três etapas:

1. A escolha dos projetos;

2. O plano de estudos no trimestre;

3. O Mosaico de cada um dos projetos de que a criança participou.

No caso da *votação dos Projetos* e tomando como exemplo o formulário da educanda c, no segundo trimestre de 2005, observa-se a descrição estabelecida na sequência: identificação do projeto; interesse na participação; interesse na continuidade; sugestão no tocante a modificações.

No verso do formulário, existem outras questões e espaço para livre resposta: *Há outros projetos que você gostaria que fossem realizados na escola? Quais? (Você poderá sugerir o número de projetos igual ao do total de projetos que você realizou neste trimestre)*. No exemplo de c, sua escolha ocorreu da seguinte forma: *1) Química; 2) Esportes; 3) Música: violão, bateria, essas coisas...; 4) Dança: jazz; 5) Alemão*. Logo abaixo, há um adendo em símbolo gráfico de estrela: *Gostaria que o Projeto da Vanessa e da Babi também fosse para os grandes*. No espaço seguinte, a educanda assinala o seu nome e o da educadora e complementa com a data. A identificação confunde-se em alguns momentos, pois se observa, no canto superior da parte frontal do formulário, escrita em letra cursiva, de adulto, um nome sublinhado e, logo ao lado, levemente na diagonal, um duplo sublinhado nas duas letras de difícil distinção. Acima da logomarca do papel timbrado *Lumiar*, está assinalado o número 10, envolto em um círculo feito às pressas (em que as bordas não se tocam) indicando o número de projetos que c realizou no trimestre anterior.

Embora não se saiba se o preenchimento deste formulário é um caso à parte em termos de interferência e participação

AÇÃO E PERCEPÇÃO NOS PROCESSOS EDUCACIONAIS 41

Fig. 1. Formulário de Votação dos Projetos pelos Educandos

Fig. 2. Verso do Formulário de Votação dos Projetos pelos Educandos

cooperativa de um adulto, percebe-se que C possui autonomia para se expressar, tendo em vista, por exemplo, a manifestação de seu pedido acima.

Em relação ao detalhamento do Plano de Estudos, nota-se que a sua elaboração é realizada de forma a conter símbolos gráficos de fácil visualização para a criança. Neste formulário em formato de calendário semanal, as coordenadas são distribuídas contendo, de um lado, os dias da semana na horizontal – de segunda a sexta; e, na vertical –, os horários. A figura de um relógio é colada sobre a marcação correspondente às 10h. Esta coluna tem início às 10h, seguindo até as 17h. No topo da página, há o espaço de identificação, seguido pela descrição a que se refere o formulário. Para desenvolver tais formulários, percebe-se o olhar atento em relação à distribuição espaço-temporal tal qual a elaboração "de um artesanato criativo que aprisiona e atualiza a descoberta de caráter fugaz" (SALLES, 2000: 107).

O formulário "Plano de Estudos" é elaborado de forma lúdica, tentando transmitir aconchego visual para a criança. Nota-se a presença de inúmeras figuras circulares distribuídas ao longo do formulário, talvez de forma proposital.

Conforme explica Arnheim (2000), o círculo é a primeira forma organizada a emergir dos rabiscos mais ou menos sem controle na criança e, sendo a forma mais simples no meio pictórico, sua simetria em todas as direções permite que uma criança pequena o utilize para representar quase todos os objetos. Assim, a criança poderia familiarizar-se mais rapidamente com esse tipo de prática de preenchimento.

No Mosaico Individual, observa-se a despreocupação de C com a estética no preenchimento, é aparente a liberdade de traços, constituída por letras de forma e cursivas somadas a algumas rasuras. A educanda respondeu de forma sintética seus objetivos, parecendo compreender o propósito do formulário, visível pelas frases curtas de suas respostas. A linguagem utilizada no segundo quadro, *Conhecimentos prévios sobre os temas tratados*, não parece condizer com a intenção de síntese, pois parece difícil que a criança consiga escrever de forma breve os conhecimentos prévios que possui. No formulário de C, relativo ao Projeto "Maquetes", em resposta a essa questão, ela escreveu: *Já sei fazer algumas casinhas sem medidas.*

No verso do Mosaico Individual, o educando escreve sobre a síntese do percurso no projeto, respondendo a algumas questões: *O que eu sei agora que não sabia antes? O que eu faço agora melhor do que antes? O que mudou na forma de me relacionar com os outros?* E, no último quadro, há a pergunta: *Meus desafios a partir deste percurso.* As respostas de C demonstram alegria na participação dos projetos e seu engajamento com a proposta da escola. Entretanto, nota-se certa dificuldade na acentuação e outros problemas gramaticais.

O Mosaico do Projeto *"Eu e meu corpo"* está inserido na Área de concentração: Ciências Naturais & Corpo e Movimento. Exemplifica os relatos do mestre que constituirá uma das peças do projeto macro enquanto registro de informação do percurso seguido em sua atividade. Esse projeto, aplicado junto aos educandos do ensino fundamental II, possibilitou a continuidade de outro que já havia sido ministrado anteriormente, sobre nutrição, procurando desenvolver noções de cuidados com a saúde nos diferentes processos que ocorrem no corpo humano. Estes projetos se interligam, tanto o de "Kung-Fu" como o de "nutrição". Ainda nesse sentido, o Projeto "Poética pessoal", da Área de concentração Artes Visuais, procurou trabalhar com a modelagem em argila, utilizando como foco a face humana. As crianças pesquisaram sobre rostos em ilustrações de revistas em geral e acrescentaram seus pontos de vista no Mosaico Individual, tendo complementado suas pesquisas no aprendizado e manipulação da argila. Nesse contexto, no Projeto "Percussão Corporal", na Área de concentração Música, os objetivos estavam pautados pelo aprendizado de diferentes ritmos e improvisos, utilizando o corpo como suporte. Os resultados podem ser pensados enquanto construção processual em que se percebem, pelos relatos, os percursos facilitadores existentes na assimilação de conteúdos complexos.

Posteriormente, foram realizados outros encontros com profissionais da área médica, como ginecologistas e hematologistas, seguindo a ideia de desenvolver o interesse sobre assuntos relacionados com a fecundação, o ciclo menstrual, a gravidez etc., em forma de conversa e debate.

Nesses formulários, os nomes de projetos parecem ser elaborados de forma a incitar a curiosidade nos educandos. São eles: *Vaga-lume; Roda de Leitura; As crianças e os escritores; Espaço de criação; Matemática Prática; Conhecendo para Reciclar; Gravitação; Corpo Humano; Histórias Indígenas; Etnografia da cidade; Teatro; Percussão corporal; Desenho; Jogos de Rua; Kung-fu; Brincando com inglês; Brincando com espanhol.*

De certa forma, as inquietações mais frequentes nas primeiras elaborações de atividades aderem-se às incertezas quanto à receptividade. Não existindo uma didática de atuação, o mestre deve procurar se auto-organizar para atrair o interesse das crianças. Nesse contexto, Edgar Morin comenta que "a missão do didatismo é encorajar o autodidatismo, despertando, provocando, favorecendo a autonomia do espírito" (2000: 11). Tal comentário encontra eco na voz de Helena Katz[10] (2007), ao afirmar que "estuda-se para descobrir como fazer perguntas adequadas. A autonomia que todo processo de educação deve despertar depende da aquisição dessa habilidade preciosa: saber perguntar".

A Escola Lumiar, pensada como um processo dinâmico de auto-organização, pode ser vista como um sistema cuja peça-chave é formada pelos formulários que procuram não o que "está posto" como encerrado, mas o que está, de fato, em processo. É algo que requer uma série de cuidados e de adaptações delicadas, através dos quais se espera poder flagrar diferentes momentos que engendram o trajeto de construção do ambiente em que se evidencia a relevância da arte como ensino e pesquisa.

Caberia aqui, analogamente ao desvelar a relação de constituição do Mosaico com a possibilidade de uma construção não sedimentada por disciplinas, sublinhar a hipótese de uma formação que aponta para fronteiras a serem diluídas e ampliadas pelo viés das descobertas? Sim, em concordância com

---

[10] Ver: idança.net

os pressupostos teóricos de Muniz Sodré (2006: 235) sobre o percurso cognitivo pensado pelo conceito indisciplinar.

O Mosaico, enquanto aplicativo hipermidiático que associa informações visuais, sonoras, animações, e que possibilita a conexão do verbal ao não verbal, permanece em construção. Esse aplicativo disponibilizará o cruzamento de informações na internet, como células que se unem a outras células, de forma que os educandos possam ter acesso ao conhecimento em qualquer momento, em qualquer lugar. Embora pareça comum tal programa, a lógica de trançar os conhecimentos em rede surge como grande desafio a ser trabalhado pelos programadores. Enquanto tal mecanismo permanece em desenvolvimento, os registros dos percursos realizados pelas crianças, além dos formulários impressos, estão cadastrados no site da *Wikipedia*, de modo que, pela posse de uma senha de acesso, o próprio educando possa interagir com seus registros.

O que se discute aqui é a ideia de tal aplicativo, que remete a um sem-número de questões inerentes às mudanças epistemológicas suscitadas pela dinâmica de um mundo tomado pela linguagem da interconexão e da virtualidade.

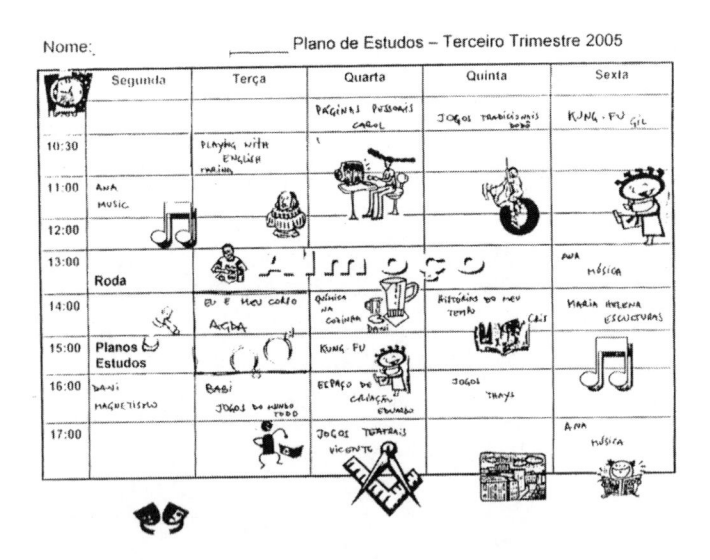

Fig. 3. Formulário Plano de Estudos

Mosaico Individual — Lumiar

Nome: *[ilegível]*
Projeto: *MAQUETE*
Áreas de concentração: matemática
Mestre/coordenador: Eduardo (arquiteto)
Ciclo: F2
Meses: agosto até outubro

Seus objetivos em relação a este projeto:
1. Aprender a montar casas de maquetes
2. Aprender mais sobre matemática
3.

Conhecimentos prévios sobre os temas tratados:

Já sei fazer algumas casinhas sem medidas

Diário de Bordo	Atividade/ tema proposto	Participação
24-08	Eduardo faltou e Cris ficou no lugar dele	não
31-08	Roteiro do projeto	sim
28-09	Bases	sim
05-10	Mosaico *[ilegível]*	sim

Fig. 4. Mosaico Individual

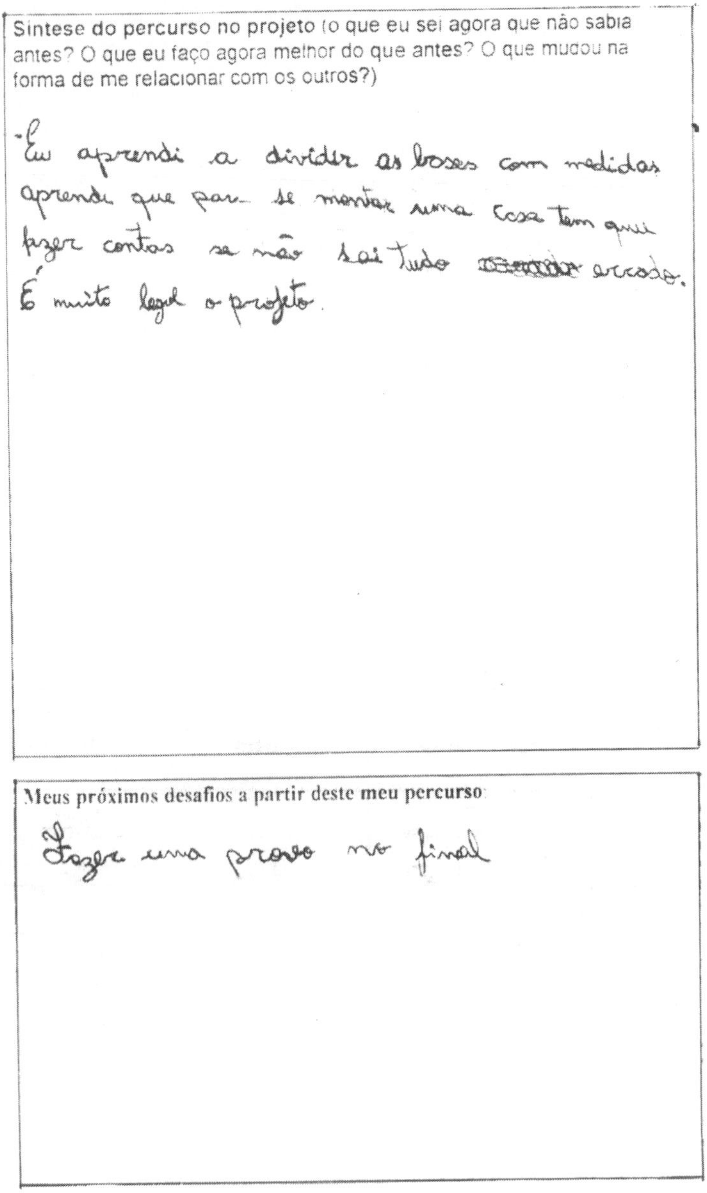

> Síntese do percurso no projeto (o que eu sei agora que não sabia antes? O que eu faço agora melhor do que antes? O que mudou na forma de me relacionar com os outros?)
>
> - Eu aprendi a dividir as bases com medidas aprendi que par se montar uma casa tem que fazer contas se não sai tudo ~~errado~~ errado. É muito legal o projeto.

> Meus próximos desafios a partir deste meu percurso:
>
> fazer uma prova no final

Fig. 5. Verso do Mosaico Individual

Mosaico do Projeto — Lumiar

Título: Eu e Meu Corpo
Áreas de concentração: Ciências Naturais & Corpo e Movimento
Mestre/coordenador: Agda Sardemberg (psicóloga)
Ciclo: Fundamental 2
Meses: 3º. Trimestre de 2005

Metas (da Organização Pedagógica) e plano de atividades:

Que os estudantes possam compreender:
- O corpo humano e sua saúde como integração das dimensões biológicas, afetivas e sociais, relacionando a prevenção de doenças e promoção de saúde das comunidades e políticas públicas adequadas;
- A caracterização do ciclo menstrual e da ejaculação, associando-os à gravidez, estabelecendo relações entre o uso de preservativos, a contracepção e a prevenção de doenças sexualmente transmissíveis, valorizando o sexo seguro;
- A importância do autoconhecimento para o autocuidado;
- Aspectos envolvidos nas relações de gênero;
- As relações entre as funções de nutrição, as reguladoras e as reprodutivas no organismo humano.

E que desenvolvam atitudes no sentido de:
- Respeitar as diferentes formas de atração sexual e o seu direito à expressão;
- Compreender a busca de prazer como um direito e uma dimensão da sexualidade humana;
- Conhecer seu corpo, valorizar e cuidar de sua saúde como condição necessária para usufruir prazer sexual;
- Identificar e repensar tabus e preconceitos referentes à sexualidade, analisando criticamente estereótipos;
- Reconhecer como construções culturais as características atribuídas ao masculino e ao feminino;
- Identificar e expressar seus sentimentos e desejos, respeitando os sentimentos e desejos do outro;
- Reconhecer o consentimento mútuo como necessário para usufruir prazer numa relação a dois;
- Proteger-se de relacionamentos sexuais coercitivos ou exploradores;
- Agir de modo solidário em relação aos portadores de doenças sexualmente transmissíveis e de modo propositivo em ações públicas voltadas para prevenção e tratamento destas.

Fig. 6. Mosaico do Projeto

Diário de Bordo	Atividade proposta	Educandos presentes
2/08	Apresentação do projeto e das questões que os estudantes desejam ver respondidas/ definição das regras	Leon, Carol, Fernanda, Sophia
9/8	Votação do nome do projeto / discussão sobre pré-adolescência e adolescência	Leon, Carol, Fernanda, Sophia, Sofia
16/08	A questão das leis e das idades mínimas para determinados direitos e deveres	Leon, Carol, Fernanda, Sophia, Sofia
23/08	DNA e fecundação	Leon, Fernanda, Sophia
30/08	Transformações do corpo na adolescência	Leon, Carol, Fernanda, Sophia, Sofia
06/09	Idade reprodutiva / herança genética	Carol, Fernanda, Sophia, Sofia
13/09	Métodos contraceptivos / DST	Leon, Carol, Fernanda, Sophia
20/09	Herança dos tipos sangüíneos	Leon, Fernanda, Sophia, Sofia
04/10	Preenchimento dos mosaicos individuais /avaliação do projeto	Leon, Carol, Fernanda, Sophia, Sofia

Avaliação geral:

Este projeto foi um desenvolvimento de projeto realizado no trimestre anterior com uma biomédica sobre nutrição. Já naquele projeto os estudantes puderam desenvolver noções sobre os cuidados necessários à saúde e compreender os processos que ocorrem no nosso corpo.
Neste trimestre, o projeto cumpriu seus objetivos em termos das habilidades e competências que se propunha a trabalhar com os educandos, descritas nas "Metas" acima.
Para responder às perguntas trazidas pelos estudantes, o grupo consultou livros, internet, colheu depoimentos de outros adultos da escola e assistiu a vídeos. Os participantes familiarizaram-se com uma literatura básica na área de reprodução e sexualidade.
O desenvolvimento do projeto foi dado pelas perguntas que iam surgindo, extrapolando o planejamento inicial: a questão da adolescência levou à discussão sobre os direitos e deveres que as pessoas adquirem à medida que crescem; a questão da herança genética levou à discussão dos tipos de sangue e assim por diante.
Quando as discussões eram propriamente relacionadas às mudanças no corpo trazidas pela adolescência, a timidez foi, pouco a pouco, cedendo espaço para a criação de um clima confortável para descobertas do grupo.

Próximos passos:

A pesquisa deve continuar e o grupo deve ir conversar dois médicos – um ginecologista, para discutir especificamente sobre ciclo menstrual, fecundação e gravidez, e um de hematologia, para conversar sobre os tipos sangüíneos. Além de responder a algumas questões, as visitas terão por objetivo possibilitar que os estudantes conheçam um pouco mais sobre o trabalho dos médicos.

Fig. 7. Verso do Mosaico do Projeto

Capítulo 2

Corpo, movimento e o ajustamento dinâmico

A investigação "Corpomídia" vem sendo desenvolvida no Programa de Estudos Pós-Graduados em Comunicação e Semiótica, da PUC-SP, pelas professoras Christine Greiner e Helena Katz ao longo da última década. Tal investigação pesquisa fundamentos teóricos que relacionam estudos da Teoria da Comunicação (Sodré 2002; Hauser 1997; Martin-Barbero 2003) e das Ciências Cognitivas (Damásio 1999; Gardner 1994, 1996; Thelen e Smith 1994; Lakoff e Johnson 1999, 2002), pensando o corpo não como um veículo de transmissão e sim como mídia de si mesmo. "Corpomídia nasce da hipótese de que tudo o que é vivo existe como resultado sempre parcial de uma condição co-evolutiva; e apoia-se em outros entendimentos do binômio dentro/fora, que modificam a própria noção de fronteira" (KATZ, 2004).

A importância da Teoria Corpomídia para esta pesquisa vem ao encontro do pensamento que enfatiza a singularidade do corpo da criança e sua relação com o ambiente. Greiner e Katz (2005, 130) enfatizam essa correlação do corpo com o ambiente e pressupõem que o corpo necessite dele, porém não é o ambiente que constrói o corpo, este se organiza pelo fluxo de informações em sentido duplo, de forma contínua, em que um afeta e é afetado pelo outro. De acordo com a investigação de Esther Thelen e Linda Smith (1994) e de Greiner e Katz

(2005), o corpo não é uma tábula rasa para ser inscrita pelo ambiente ou pela cultura, seu desenvolvimento não é pautado pela influência do meio ou da genética, pois biologia e cultura estão entrelaçadas. Ao compreender o modo como as crianças adquirem o controle sobre seus corpos em interação com o ambiente, torna-se possível entender as capacidades cognitivas mais complexas. Thelen e Smith (1994) analisam isso através de experimentos com bebês e seus sistemas locomotores. Basicamente, as novas habilidades cognitivas surgem pelo processo de ajustamento dinâmico que acontece pela experiência exploratória.

A história do corpo não obedece a um plano sequencial na linha do tempo, avança, mas está sempre "desestabilizando o passado, modificando-o e lançando projeções futuras" (GREINER, 2005: 16). Se pensarmos que a origem de todo o conhecimento está no corpo, conforme lembra o filósofo francês Michel Serres, "não se pode conhecer qualquer pessoa ou coisa antes que o corpo adquira a forma, a aparência, o movimento, o *habitus*, antes que ele com sua fisionomia entre em ação" (SERRES, 2004: 68).

A aprendizagem ocorre pela imitação corporal dos outros e, ao tornar-se um hábito, culmina em obediência. "Um ensino que coloca os alunos diante de mestres medíocres conduz à escravidão e à interdição da liberdade de pensarem por si mesmos" (op. cit: 83).

A importância do corpo como um fluxo que não se estanca (GREINER, 2005) é a ideia que movimenta esta pesquisa, particularmente na relação ensino/aprendizagem. O "ensino", segundo Edgar Morin (2000: 11), tem como missão "transmitir não o mero saber, mas uma cultura que permita compreender nossa condição e nos ajude a viver, e que favoreça, ao mesmo tempo, um modo de pensar aberto e livre". Morin (2005: 5) afirma que "os modos simplificadores de conhecimento mutilam a realidade" a ser tratada, porém o pensamento complexo não possui a herança filosófica, científica ou epistemológica que o legitimaria. A definição de complexidade, embora integre o pensamento simplificador, procura o conhecimento multidimensional. O pensamento complexo vive em "tensão permanente entre a aspiração a um saber não fragmentado, não compartimentado, não redutor, e o reconhecimento do inacabado e da incompletude de qualquer conhecimento" (op. cit: 7). O conceito de complexidade tomou forma e ramificações nos estudos de Morin, iniciados em 1970, com *O Método*, estabelecendo uma metodologia para sua proposta.

A singularidade de cada corpo em formação não permite uma análise unidirecional, principalmente porque o corpo não está separado do ambiente em que vive. A "coleção de informações que dá nascimento ao corpo humano o faz quando se organiza como uma mídia dos processos sempre em curso – daí a transitoriedade da sua forma. Por isso, olhar o corpo representa sempre olhar o ambiente que constitui a sua materialidade" (KATZ, 2004.).

Nesse contexto, vale lembrar a pesquisa de Michel Foucault e sua relevância significativa no repensar dos problemas epistemológicos, políticos e científicos de nossos tempos, trabalhando a questão do sujeito e sua relação com o poder. Nos anos 60, seus estudos revolucionaram o modo como o saber e a verdade passaram a ser pensados. Sua obra *História da Loucura* modifica os múltiplos entendimentos acerca da filosofia e da razão, da relação entre o saber e o poder e das inúmeras questões do estatuto da punição. Estudar as obras de Foucault possibilita ir ao encontro de ferramentas modificadoras e reflexivas que vão além do mero estudo dos sistemas penais ou da sexualidade. Foi Foucault quem percebeu a "escola como uma eficiente dobradiça capaz de articular os poderes que aí circulam com os saberes que a enformam e aí se ensinam, sejam eles pedagógicos ou não" (VEIGA NETO, 2004: 17).

O poder disciplinar é uma forma de organização do espaço e do tempo como um mecanismo de fabricação, manipulação e produção de um tipo de indivíduo necessário à sociedade industrial. O controle do corpo assegura a sujeição, impondo a docilidade e a eficiência nos indivíduos. A vigilância configura-se como um instrumento que se fortalece principalmente pelo viés da percepção. Na medida em que o indivíduo percebe que está sendo vigiado, passa a aprimorar por si próprio a visão daquele que o observa. Foucault (2000: 146) acredita que "não é o consenso que faz surgir um corpo social, mas a materialidade do poder se exercendo sobre o próprio corpo dos indivíduos".

Segundo Veiga Neto (2004: 136), para Foucault, o ser humano torna-se sujeito pelos modos de investigação, pelas práticas divisórias e pelos modos de transformação que os outros aplicam sobre ele e que ele aplica sobre si próprio. Para ir ao encontro da subjetivação, é necessário atenção às camadas que o circundam, discursivas ou não, e aos inúmeros saberes. Os saberes são as bases da vontade de poder e acabam sendo transmissores do poder a que servem. Não existem sociedades sem relação de poder. Os seus mecanismos de funcionamento são sempre a divisão que fraciona os indivíduos na relação com os demais. Tais forças agem sobre os corpos de modo que aquele que é submetido à sua ação o aceite como natural e necessário, indo além da esfera psicológica, para originar corpos que necessitam participar e, por isso, "são corpos políticos" (op. cit.: 144).

O sistema de ensino para Foucault é a própria ritualização da palavra, a qualificação e fixação dos papéis para os sujeitos que falam. "Todo sistema de educação é uma maneira política de manter ou de modificar a apropriação dos discursos, com os saberes e os poderes que eles trazem consigo" (FOUCAULT, 1999: 44).

Nas práticas escolares contemporâneas, surgem inúmeras investigações, seja na educação infantil, seja no ensino universitário, que operam no sentido de estabelecer os indivíduos como sujeitos cujas identidades são cada vez mais descentradas, instáveis, mutantes, conforme Veiga Neto.[1] Para o pesquisador, o currículo escolar é o dispositivo que institui a sociedade disciplinar na Modernidade. "A estrutura disciplinar do currículo não é um atributo epistemológico *per se*, mas é a forma (arbitrária) que se mostrou mais produtiva para o controle social,

---

[1] Em entrevista para a Revista IHU Online – Edição 209, 18 de dezembro de 2006.

num mundo que se expandia geograficamente". Junto ao poder disciplinar imprime-se a classificação e a hierarquização dos saberes em busca de um ordenamento discursivo.

Dentro do percurso epistemológico dos estudos do corpo, vale lembrar que, quando Merleau Ponty desenvolvia seu trabalho, entre os anos 1940 e 1950, as ciências da mente encontravam-se ainda dispersas. No início da década de 1970, o termo Ciência Cognitiva começava a ser largamente empregado como uma nova matriz interdisciplinar pelo viés do encontro entre a neurociência, a psicologia cognitiva, a linguística, a inteligência artificial e a filosofia.

Os estudiosos do corpo passaram a transitar por novas tendências, estabelecendo cruzamentos entre disciplinas que, na década de 1990, colaboraram para o surgimento de inúmeras publicações sobre a moderna filosofia da mente. Muitos cientistas (Varela et al. 1991; Damásio 1994 e 2000; Pinker 1997; Dennett 1996 e 1998, Lakoff e Johnson 1999) começam a trabalhar na investigação dos cruzamentos entre mente, corpo e os processos de aquisição do conhecimento.

Varela et al. (1991) reconhecem a importância da fenomenologia, mas chamam a atenção para o fato de que a fenomenologia ainda mantinha dualidades entre corpo e corpo vivo e que as soluções para o dilema pertenciam apenas à ordem do discurso. Daí sua opção pela ciência, com a análise do corpo em si mesmo, e não o discurso sobre o corpo. O cérebro existe no corpo e o corpo no mundo, assim o organismo age dentro do mundo. Maturana e Varela (2001) apontam a vida como um processo de conhecimento que clama para ser decifrada; conhecê-la implicaria entender como os seres vivos aprendem sobre o mundo. Na visão do conhecimento baseado na objetividade do Representacionismo, os fenômenos ocorrem pelas vias das representações mentais do mundo. A mente seria como um espelho da natureza e o mundo um sustentador das informações. O mundo era percebido como um objeto a ser desbravado para a obtenção do conhecimento. Na opinião dos biólogos, o mundo não se porta de forma tão esquemática conforme a visão representacionista, pois há um trânsito em duplo sentido, ou seja, quando construímos algo no mundo o mundo também nos constrói. A cada momento, somos influenciados por inúmeros fatos que modificam nosso entendimento dele e, em cada movimento, promove-se um novo ajeitamento. O mundo se constrói em um processo incessante e interativo sem uma predeterminação. A teoria da cognição de Maturana e Varela ficou conhecida como "enativa" e procura levar em consideração a subjetividade humana, lançando uma ponte entre a objetividade da ciência e a experiência humana subjetiva. A ideia de enação trouxe uma abordagem da "cognição como o conjunto de um mundo e de uma mente a partir da história de várias ações que caracterizam um ser no mundo" (GREINER, 2005: 35).

Essa experiência do ser no mundo levou Varela et al. (1991: 99) a pesquisar a questão do *self* (o si mesmo). Eles perceberam que trabalhar com essa questão implicaria sempre se deparar com uma contradição. Ao mesmo tempo em que a experiência está se modificando continuamente, ela depende de uma situação particular. "Viver implica depender de uma situação, um contexto e um mundo". A maior parte das pessoas está convencida de sua identidade, sua personalidade, memória, recordação, que parece vir a formar um ponto coerente, um centro através do qual se contempla o mundo. "Será o nosso corpo o nosso *self*?" A importância do corpo é inegável, no corpo localizam-se os sentidos, olhamos para o mundo pelo nosso corpo e captamos os objetos numa relação com ele. Assim, a composição inteira do corpo está sempre em mudança pela "reciclagem das células", por um tipo de padrão através do tempo que se supõe ser o *self*, embora ainda não se saiba com certeza (op. cit.: 100).

> Talvez o argumento mais definitivo de que não tomamos o nosso corpo como sendo o nosso *self* seja imaginarmos um transplante total do corpo, ou seja, o implante da nossa mente num outro corpo qualquer (um tema favorito da ficção científica) em que, no entanto, continuaríamos a ser nós próprios. Talvez então devêssemos abandonar o aspecto material e olhar para os agregados

mentais[2] como sendo a base do *self*. (VARELA et al., 1991: 100)

A discussão acerca do *self* nunca foi tão simples. Varela et al. (1991) pontuam que todas as tradições reflexivas da história da humanidade – "filosofia, ciência, psicanálise, religião, meditação – desafiaram o sentido ingênuo do *self*. Nunca houve uma tradição que tivesse pretendido descobrir um *self* independente, fixado ou unitário no âmbito do mundo da experiência" (op. cit.: 92). Os autores procuram uma aproximação entre várias ciências, como as ciências cognitivas, as tradições budistas, a meditação e a filosofia, refletindo sobre a experiência vivida no mundo e a questão do *self* ou ego-único, independente e verdadeiramente existente. Varela et al. (op. cit.: 13) utilizam o termo *corporalidade* para designar os aspectos biológicos e fenomenológicos nos estudos cognitivos. Eles argumentam que a mente não é simplesmente "encarnada", nem separável do corpo e, sim, uma propriedade emergente, inseparável do corpo e em interação com o ambiente. Para Greiner (2005), a noção de *"embodied"* tornou-se fundamental para os estudos do corpo, embora não seja uma palavra de fácil tradução, que pode apontar a ideia de uma sugestão equivocada; na realidade, essa palavra sugere como possível tradução para a língua portuguesa o termo "encarnado" ou "incorporado", mas que nada tem a ver com o sentido de "baixar o espírito em um corpo" (GREINER, 2005: 34). A visão da cognição corporificada ou encarnada tornou-se a base para pesquisadores que trabalham com as questões desenvolvimentais infantis, a exemplo do suíço Jean Piaget (1896–1980) e, mais tarde, na década de 1990, das psicólogas americanas Esther Thelen e Linda Smith.

Conforme se evidenciou, os diferentes autores citados apontam para a importância da relação entre o corpo e o ambiente

---

[2] Os agregados são: Formas, sentimentos/sensações, percepções/impulsos, formações disposicionais (confiança, avareza, preguiça, preocupação), Consciências. É o conjunto mais conhecido de categorias, comum a todas as escolas budistas. O termo sânscrito traduzido por agregado é *skandha*, que significa literalmente "monte" (VARELA et al., 1991: 97).

em constante experiência exploratória, visando ao aprimoramento do processo cognitivo e, no caso desta pesquisa, do processo cognitivo infantil. Nessas investigações, reconhece-se a existência de uma ação de mão dupla que indica um fluxo em constante movimento atuando sobre o corpo, modificando-o e, da mesma forma, o corpo atua sobre o ambiente, modificando-o. O subcapítulo seguinte procurará tratar da relação singular existente entre organismo-ambiente e sua importância para a cognição infantil em interação com o ambiente.

2.1 A RELAÇÃO SINGULAR: ORGANISMO – AMBIENTE

Para se entender como as crianças adquirem as capacidades cognitivas em interação com o ambiente, Thelen e Smith (1994) argumentam que mesmo o mais potente princípio geral é insuficiente; os estudiosos da cognição também precisam entender como os processos e os mecanismos acontecem na vida real, pois as crianças estão constantemente em contato com pessoas, coisas e eventos que participam desse contexto. E, assim, evidencia-se a importância dessa abordagem, que procura investigar quais são os fatores orgânicos e de meio ambiente que geram a mudança comportamental. Thelen e Smith procuram explicações pela teoria dos sistemas dinâmicos não lineares que auxiliam no entendimento de dados a respeito da essência da ontogenia e suas variações.

Conforme explicado anteriormente, para que o organismo esteja encarnado em seu ambiente e nele possa constituir seus arranjos, há a necessidade de um mundo emergente (MATURANA & VARELA, 1994). A *enação* parte da proposta de que a cognição, longe de ser uma representação do mundo preexistente, seria formada por mundo e mente. Portanto, "a cognição não se limita a ser uma questão de representação, mas depende das nossas capacidades corporalizadas para a ação". Conforme Maturana e Varela (1994), na cadeia evolutiva, para alimentar-se, os animais encontraram a solução na ação de comer suas presas. Precisavam, portanto, mover-se. Assim, surge o sistema neuronal, justamente porque caçar e mover-se passaram a ser funções necessárias para a percepção e a ação. Essa ligação entre sensores e músculos tem a ver com os primórdios da formação do cérebro. A evolução do sistema neuronal durou cerca de 1,5 bilhão de anos. Três quartos desse tempo serviram para que os animais se arranjassem de uma maneira sensório-motora elementar. Maturana e Varela (1994: 226) destacam que a cognição depende dos tipos de experiências que surgem pelo fato de haver um corpo constituído de capacidades sensório-motoras e essas capacidades individuais estão dentro de um contexto biológico, psicológico e cultural bastante abrangente.

A importância da relação organismo-ambiente é também percebida no trabalho do psicólogo cognitivista Jean Piaget (2002), um dos pioneiros na tentativa de explicar o desenvolvimento cognitivo infantil. Conforme já descrito anteriormente, os estudos de Piaget tiveram como ponto de partida a sondagem do organismo biológico imaturo, seguindo-o até a fase adulta, quando, segundo seus pressupostos, este teria adquirido a razão abstrata. Em suma, o mundo da criança recém-nascida era, de certa forma, primitivo e limitava-se às suas próprias atividades. Piaget (2002) distingue dois períodos sucessivos nesta etapa do desenvolvimento cognitivo: "o das ações sensoriomotoras antes da linguagem e o das ações completadas por essas novas propriedades". O bebê relaciona tudo a si próprio, como se fosse o centro do mundo, embora indiferente às questões subjetivas ou objetivas, vivendo uma espécie de *ação primitiva*. A afirmação do bebê como sujeito no mundo somente ocorrerá quando este passar a coordenar suas ações por si próprio. Para Piaget, o bebê vive esta fase como se estivesse centralizado em seu próprio corpo. Do nascimento até os 18–24 meses, ocorre um tipo de *revolução* no bebê através da *descentração* em relação ao seu corpo. O organismo passa então a considerar-se parte do ambiente. Aqui tem início a ligação das ações dos objetos coordenados por um sujeito que comanda sozinho seus movimentos. Basicamente, devido às assimilações recíprocas e à coordenação gradual das ações, estabelecem-se as conexões entre organismo e ambiente.

Na visão de Thelen e Smith (1994), o desenvolvimento cognitivo ocorre totalmente no organismo, como uma série de cópias genéticas, que contém as informações necessárias para a forma adulta final e que necessita somente ser "lida" sequencialmente no tempo. Por outro lado, os organismos também são vistos como estruturas que absorvem a complexidade do meio ambiente através de sua experiência no mundo. Nesse sentido, os organismos são formados por sistemas de alta dimensionalidade que contêm subsistemas diferentes e combináveis de muitas maneiras. Como resultado, essas interações múltiplas se auto-organizam pelas ações corporais e da vida mental que, ao longo do tempo, formam os padrões estáveis. Para Thelen & Smith (1994), a teoria de Piaget de modo geral parece coerente; mas, quando analisados os pormenores, não é possível encontrar um esclarecimento sobre o processo desenvolvimental, pois está em um nível fechado de observação. Um dos pontos principais de questionamento das psicólogas para a teoria de Piaget é o foco de seus argumentos na natureza do resultado estrutural. Na visão de Thelen e Smith, não há estruturas. Quando a cognição é observada sob condições estáveis e uniformes, encontram-se estágios estáveis de cognição, mas, quando há uma variação nas tarefas, nota-se instabilidade e dependências contextuais que fazem muita diferença no momento da análise.

No processo de desenvolvimento do organismo no ambiente, é possível descrever algumas predições, segundo Thelen e Smith, ou seja, que todo ser humano andará, falará as linguagens de sua cultura, de suas relações sociais, alcançará a maturidade reprodutiva e realizará operações mentais. Podem-se circunscrever as idades e as sequências destes eventos quando se fala em "estágios desenvolvimentais de crianças". Basicamente, depois que uma nova estrutura emerge ou um nível de crescimento é atingido, o organismo não reverte às formas iniciais. Certas funções podem vir a não mais existir com o passar da idade ou com as doenças, mas o processo em desenvolvimento não se desfaz e caminha sempre em direção adaptativa.

Embora o comportamento e o desenvolvimento pareçam estruturados, não existem estruturas e nem regras, o que existe é a complexidade. Há uma ação recíproca múltipla, paralela e continuamente dinâmica da percepção e da ação, e um sistema que, pela sua natureza termodinâmica, procura certas soluções estáveis. Estas soluções emergem das relações, não do design.³ (THELEN & SMITH, 1994: XIX)

Os sistemas dinâmicos são sistemas não lineares que mudam no tempo e possuem as etapas discretas ou contínuas, modeladas pelas equações diferenciais. A não linearidade é que possibilita a ocorrência de fenômenos como a fase repentina de movimento e as contínuas mudanças em variáveis independentes e imprevisíveis. A fase do movimento está relacionada com a súbita mudança no equilíbrio do sistema e este é determinado pelos estados de atração. Em sistemas de muitos elementos não lineares, a ordem geral surge espontaneamente, sem um planejamento ou estruturas de controle, a chamada auto-organização. O estudo dos sistemas dinâmicos é visto por Thelen e Smith (1994: 50) "como uma nova ciência que extrai princípios comuns no comportamento de reações químicas, nuvens, florestas, embriões, é variavelmente chamada de: estudo da dinâmica, sinergética, dissipativa, não linear, auto-organizativa, ou sistema caótico".⁴ As pesquisadoras adotam o termo "sistemas dinâmicos" para ressaltar que estes são sistemas que mudam continuamente no tempo. A matriz do estudo dos sistemas está na física e na matemática e é altamente abstrato. A generalidade dinâmica pode ser aplicada ao mundo real, a exemplo de casos como: tempo, raio laser, reações químicas, formações galácticas, padrões de impulsos nervosos, comportamento das

---

³ "Although behavior and development appear rule-driven, there are no rules. There is complexity. There is a multiple, parallel, and continuously dynamic interplay of perception and action, and a system that, by its thermodynamic nature, seeks certain stable solutions. These solutions emerge from relations, not from design" (THELEN & SMITH, 1994: XIX).

⁴ "The new science that can extract common principles in the behavior of chemical reactions, clouds, forests, and embryos is variously called the study of dynamic, synergetic, dissipative, nonlinear, self-organizing, or chaotic systems" (THELEN & SMITH, 1994: 50).

redes neurais, ritmo cardíaco, coordenação motora, sistema perceptual, padrões econômicos e assim por diante.

Para aquecer o debate acerca da proposta de Thelen e Smith, o professor de filosofia, neurociência e psicologia da Washington University, Chris Eliasmith (2006: 447) critica alguns argumentos de Thelen e Smith pontuando que se estão tentando dirigir aos fenômenos mal compreendidos da cognição os termos mais familiares aos sistemas dinâmicos, que foram aplicados com sucesso nos sistemas matemáticos mecânicos, gerais e complexos. Em sua opinião, incorre-se no perigo da tentação que exige uma postura cautelosa para não se adotar uma terminologia ingênua ou um mero jogo de metáforas para redescrever os fenômenos estudados. Os conceitos da teoria dos sistemas dinâmicos fornecem um método para se pensar os sistemas cognitivos, mas não foram mostradas ainda com sucesso as definições rigorosas do comportamento ou da cognição humana. Para o professor Eliasmith a questão é: "será que as descrições dinâmicas podem ser mais do que metáforas na natureza? Simplesmente fornecer a analogia não é o bastante, não podemos permitir que se aceitem conceitos e teorias novas que não aprofundaram nossa compreensão do sistema que está sendo modelado". Ele comenta que a filósofa Mary Hesse (1988: 356) dizia que os modelos teóricos fornecem a explanação em termos de algo já familiar e inteligível. Isto se manifesta nas tentativas de reduzir fenômenos relativamente obscuros a mecanismos mais familiares ou aos sistemas não mecanicamente representados. Basicamente, o modelo teórico explora algum outro sistema já conhecido e bem compreendido, a fim de explicar mais ou menos o sistema sob investigação.

Entretanto, em defesa das questões abordadas por Thelen e Smith, pode-se pensar que a coerência teórica e seu embasamento conciso, desenvolvido principalmente em sua obra *A Dynamic Systems Approach to the Develepment of Cognition and Action* (1994), mostram de forma minuciosa os esclarecimentos para tais questões levantadas pelo professor Eliasmith. As pesquisadoras utilizam os sistemas dinâmicos como metáfora exatamente para propor o embasamento da *categorização*, conceito pesquisado por Lakoff e Johnson (1999, 2002), que rejeitam a aproximação filosófica objetivista para a cognição, trazendo uma abordagem do fenômeno linguístico e argumentando que a cognição não é uma representação interna da realidade externa. Nesse sentido, Lakoff e Johnson (1999, 2002) ressaltam a importância da metáfora como categorização e elaboram um trabalho bem amarrado teoricamente. O professor Eliasmith, por ser um defensor do conexionismo, defende também as estruturas de conhecimento que direcionam a pesquisa da cognição para a busca de dados objetivos.

Thelen e Smith estabelecem também um enlace teórico entre a dinâmica dos padrões de formação neural e os padrões que são reflexos de experiências da percepção e ação no mundo, conforme sugeridos por Gerald M. Edelman (1987, 1988, 1992), na teoria da seleção do grupo neural (TNGS). Thelen e Smith rendem tributos à teoria de Edelman na explicação da ontogenia pela qual não há um *homúnculo* no cérebro ou nos genes que dirigem o processo e, sim, um agrupamento de neurônios, fluidos e dinâmicos. A chave que dá sentido ao mundo é a habilidade da mente para formar categorias. O processo comum é o mapeamento multimodal da experiência por um cérebro geneticamente ligado para beneficiar as propriedades temporais. A Teoria da Seleção do Grupo Neural (TNGS) proporciona a evidência embriológica e anatômica para a história desenvolvimental. Elas acreditam que se deve reconhecer e incluir a diversidade real existente que é a categoria humana do comportamento. Reconhecendo a importância da categorização humana do comportamento reconhece-se a variabilidade. Elas também inspiraram sua teoria nas explicações desenvolvimentais consistentes com os princípios da psicologia ecológica, no trabalho de Eleanor J. Gibson (1969, 1988). Para Gibson, o mundo carrega as informações e o objetivo do desenvolvimento é descobrir a informação relevante de modo que se possa fazer uma ligação funcional entre o que o meio ambiente propicia e o que a pessoa pode e quer realmente fazer. Esses estudos constituem a base da percepção, da ação e da cognição no papel fundamental e exploratório.

Na hipótese trabalhada por George Lakoff e Mark Johnson (1999), um organismo cria conceitos usando os sistemas que emergem da experiência corporal com seu ambiente. Os pesquisadores acreditam que não há diferenciação entre a maneira como os indivíduos se movimentam e a maneira como conceituam as coisas. Para eles, "a verdade não resulta simplesmente de um correto ajustamento entre palavras e o mundo porque há um corpo se interpondo nessa relação". Eles "sustentam que os conceitos são encarnados e não imaterialidades produzidas pela atividade do raciocínio" (KATZ, 2004). As questões do raciocínio tornam-se inerentes ao entendimento das questões do sistema sensório-motor e à descoberta de que a razão não é desencarnada, nem consciente, e sim metafórica, transbordando emoção.

2.2 A CONSTRUÇÃO METAFÓRICA E OS PRINCIPAIS CONCEITOS

A metáfora, conforme explicações dos pesquisadores George Lakoff e Mark Johnson (1999, 2002), de simples adereço do pensamento adquiriu importância vital para o funcionamento da mente humana. Sem a sua existência, não haveria o pensamento em si, pois as metáforas estabelecem conexões com o sistema perceptivo humano em relação ao corpo e ao mundo e dão sentido às experiências cognitivas no ser humano. Por trás da linguagem está escondido um imenso sistema conceitual metafórico que rege o pensamento e a ação.

Historicamente, no campo das ciências cognitivas, duas versões vinculam-se a concepções diferenciadas da natureza filosófica. A primeira geração surgiu nos anos 1950 e 1960, caracterizando-se pelos fundamentos da computação simbólica que aceitavam a visão da razão descorporificada e literal. A filosofia anglo-americana era o pano de fundo de certos paradigmas dominantes, tais como: a inteligência artificial, a psicologia do processamento da informação, a lógica formal, a linguística gerativa e a antropologia cognitiva. Esta era uma *perspectiva "funcionalista"*, vista metaforicamente como um tipo de programa de computador que poderia rodar em um hardware apropriado (Lakoff & Johnson, 1999: 76). Assim, aqueles que assumem essa visão tendem a rejeitar a existência dos conceitos metafóricos ou a imposição da estrutura racional do corpo e do cérebro.

A primeira geração da ciência cognitiva baseava-se em um compromisso *a priori* para os conceitos; a mente era essencialmente descorporificada, podendo ser estudada independentemente do conhecimento sobre o corpo e o cérebro, simplesmente pela relação funcional entre os conceitos representados de forma simbólica.

A segunda geração surgiu da metade para o final da década de 1970 como pesquisa empírica que, mesmo trazendo muitas questões de princípios anglo-americanos, se desenvolveu em face de algumas evidências, ou seja, da dependência dos conceitos e razões ligadas ao corpo. O foco na conceitualização e a razão voltada aos processos imaginativos ocorreram em função da construção metafórica. A característica marcante nesta segunda geração ligada à mente corporificada considera que as estruturas dos conceitos se ampliam pelas experiências sensório-motoras e pelos sistemas neurais. Existe um nível básico de conceito que se expande não apenas pelo esquema motor, mas também pela capacidade de "percepção gestáltica e pela formação de imagens" (op. cit.: 77). A noção de "estrutura" no sistema de conceitos é construída pelo esquema motor e pelo esquema de imagens. Os conceitos abstratos (emoções, ideias, tempo etc.) definem-se pelas múltiplas metáforas, frequentemente inconscientes aos indivíduos. Para apreendê-las, é necessário encontrar outros conceitos que aparentemente sejam mais claros. A experiência que cada indivíduo carrega consigo possui um conjunto de domínios que são as organizações de nossas experiências "em termos de dimensões naturais (partes, etapas, causas etc.)" (LAKOFF & JOHNSON, 2002: 208). Essas dimensões podem ser designadas como "naturais", pois estão coladas às experiências do corpo em sua interação com o ambiente e com as outras pessoas, por exemplo, "amor, tempo, ideias, compreensão, discussão, trabalho, felicidade, saúde etc." (op. cit.), e necessitam clamar pelas metáforas porque não se definem com clareza em seus próprios termos cotidianos.

Na visão de Lakoff e Johnson, o programa objetivista é incapaz de explicar a compreensão humana de forma satisfatória, devido aos elementos básicos necessários para a explicação experiencialista desta compreensão, que são, conforme já mencionado, as "propriedades interacionais, as *gestalts* experienciais e os conceitos metafóricos" (LAKOFF & JOHNSON, 2002: 337), propriedades estas que dizem respeito ao tratamento das questões humanas. Nem mesmo os argumentos subjetivistas sozinhos são capazes de dar conta da compreensão humana. A ciência é uma prática sociocultural e histórica que une o conhecimento a inúmeras influências, matérias, poderes, políticas e outras. Com essa possibilidade, esgota-se o mito de que a ciência proporciona o significado último para o entendimento de todas as coisas. A proposta que Lakoff & Johnson sugerem como possibilidade metodológico-filosófica para as ciências humanas é o *experiencialismo*. Nesta argumentação, não há procura por um ponto de vista absoluto e universalmente válido. "A verdade é sempre relativa à compreensão, que se baseia num sistema conceitual não universal" (op. cit.: 344). O modo como a compreensão acontece no corpo tem a ver com os recursos primários da imaginação constituídos pelas metáforas, que possibilitam novos sentidos às experiências e à criação de novas realidades.

A ciência proporciona a extensão do nível básico de capacidades para a percepção através da tecnologia. Alguns instrumentos, como o telescópio, o microscópio e outros, têm expandido a capacidade de manipulação humana, e os computadores também possibilitam alargar a capacidade corporal básica, ampliando o realismo corporificado. Apesar disso, os sistemas conceituais dos movimentos corporais são executados pelos modelos neurais que controlam as inferências motoras. Conforme Lakoff pontuou,[5] o corpo pode ser o mesmo de muitos anos atrás, mas sua concepção sofre modificação. Antes, não existiam

---

[5] Ver entrevista: LAKOFF, George. *A talk with George Lakoff [03/09/99].*

as mesmas metáforas para o corpo como atualmente, devido, principalmente, aos avanços que a ciência vem sofrendo. O corpo e o cérebro contemporâneos conceitualizam em termos de circuitos neurais, assim como surgiram outras metáforas para o processamento da informação.

Os aspectos físicos, emocionais, perceptuais, imaginativos da existência diária, em consonância com Thelen e Smith, são correntes motivacionais que possibilitam o alargamento do pensamento. Assim, rejeita-se a suposição de que a mente trabalha como um computador digital, pois o sentido de conhecer ocorre pelas vias da categorização do mundo em sua ação sobre ele – são os centros não proposicionais, fluidos, desalinhados, imaginativos, emergentes, construtivos, metafóricos e, acima de tudo, dinâmicos[6] (THELEN & SMITH, 1994: 323).

As categorias conceituais são, geralmente, muito diferentes do que a visão objetivista aponta. Esta evidência sugere uma visão diferente, não somente de categorias, mas da razão humana em geral. O pensamento é corporificado, as estruturas dos nossos sistemas conceituais despontam da experiência corporificada e só fazem sentido em seus termos; além disso, o centro de nosso sistema conceitual está diretamente baseado na percepção, no movimento corporal e na experiência de um caráter físico e social. A sabedoria está diretamente baseada na experiência, na percepção do mundo e nas atividades corporificadas. O significado tem origem nas ações, que ocorrem em tempo real, e se constrói pelo modo como os indivíduos veem, ouvem, sentem e agem para a resolução de seus problemas. Assim, nossas experiências corporificadas são repletas de domínios abstratos, metafóricos e imaginativos.

A cognição corporificada apresenta novos significados para as atividades das crianças que estão aprendendo a controlar os seus corpos no espaço. Segundo os experimentos das pesquisadoras, inúmeras habilidades motoras, como o andar, o alcançar e chutar, por exemplo, foram aprendidas porque as

---

[6] – *is at core nonpropositional, fluid, messy, imaginative, emergent, constructive, metaphorical, and above all dynamic.*

crianças tinham alguma motivação para alcançar tal objetivo; havia algum evento interessante, como agarrar um brinquedo ou abraçar a mãe, aproveitando a força de interação dos corpos para fazê-lo.

Embora pareça simples, caminhar requer movimentos complexos, como o domínio dos balanços dinâmicos, criando o impacto correto entre os pés e o chão. Para alcançar, as crianças precisam distribuir a quantidade apropriada de forças em seus braços e pernas, controlando o movimento de agitação. Quando há um declive, uma rampa, por exemplo, exigem-se habilidades locomotoras individuais que liguem o tipo e a escala de movimentos locomotores para a inclinação. Os desafios e as explorações auxiliam as descobertas que possibilitam o surgimento de outros novos desafios dentro do domínio de habilidades motoras, colaborando no despertar da criança. Conforme pontuam Thelen e Smith (2004: 325), "as soluções para forçar interações com o mundo são tão penetrantes e fundacionais na infância e na verdade ao longo de toda a vida [...] na construção de toda a cognição".[7]

Como já visto, a primeira interação com o mundo acontece pelas vias da cognição corporificada, nos modos como a criança percebe e age nele. O ato de conhecer é dinâmico e o processo se auto-organiza pelas soluções que vão surgindo à medida que o problema é enfrentado em tempo real nas tarefas do dia a dia. Nessa perspectiva, a aquisição da linguagem ocorre por um mecanismo natural pelo qual os conceitos metafóricos são adquiridos em uma sequência desenvolvimental.

---

[7] "...that the solutions to force interactions with the world are so pervasive and fundational in infancy and indeed throughout life [...] into the very fabric of all cognition".

2.3 Os primórdios da organização: Esther Thelen e Linda Smith e a Teoria do Corpomídia

As pesquisadoras americanas Esther Thelen e Linda Smith (1994) levantam importantes questões sobre como as atividades mentais e físicas ocorrem nos seres humanos. Suas teorias são importantes para esta pesquisa principalmente porque, conforme discutido ao longo deste trajeto investigativo, e em concordância com seus pressupostos, a vida é conduzida pelo pensamento e pela ação corporal. As pesquisadoras fundamentam suas teorias utilizando como metáfora os sistemas dinâmicos não lineares, que atuam em tempo real e são problematizados pela ordem emergente e cuja complexidade possui raízes na física, na química e na matemática. A visão de Thelen e Smith pauta-se pela perspectiva de que a vida mental é contínua com o crescimento da forma e da função. Seus fundamentos teóricos explicam alguns contrapontos à teoria de Piaget, sobretudo em relação à sequenciação lógica por ele defendida. Observando o desenvolvimento locomotor em bebês, elas justificam a natureza do desafio teórico e a aplicação dos princípios para o problema desenvolvimental.

Na hipótese de Thelen e Smith, pensamento e comportamento são padrões de atividades dinâmicas que surgem no fluxo dos processos e estão relacionados com os contextos vividos. Nesse sentido, rejeita-se a ideia de símbolos e estágios de maturação. Quando se pensa em organismos, estes são vistos como sistemas de alta dimensionalidade formados por subsistemas que são heterogêneos e combináveis de múltiplas maneiras. As interações que ocorrem trazem à tona as manifestações de auto-organização entre as ações corporais e a vida mental. Assim, o desenvolvimento não ocorre pelas vias do comportamento inato e sim pelas possibilidades de ocorrência das ações em diferentes contextos.

Alguns biólogos reconheceram a relevância da dinâmica não linear para o estudo dos sistemas biológicos, como Bertalanffy (1968) e Waddington (1977), mas somente nos últimos anos estes princípios seriam aplicados (GLASS & MACKEY, 1988; KELSO, MANDELL & SHLESINGER 1988). Os princípios dinâmicos não lineares descrevem sistemas de diversos substratos materiais que vivem em muitas escalas diferentes. Estes princípios integram a ontogenia orgânica de vários níveis da morfologia do comportamento.

Uma das questões que elas levantam é como começar a entender a complexa teia da causalidade quando crianças vivem e se desenvolvem em um mundo preenchido por pessoas, coisas e eventos em contínua interação. Elas procuram mostrar que o comportamento e o desenvolvimento são dinâmicos em muitos níveis, excluindo explanações reducionistas e demonstrando que a neuroanatomia e a fisiologia fornecem suporte para todo o comportamento, embora eles não sejam logicamente causais.

Thelen e Smith (1994) pontuam que, quando experimentalmente se "disseca" um fenômeno ontogênico, descobrimos que os elementos de uma forma comportamental aparentemente integrados podem ser detectados em um comportamento avançado e funcional. Dentro de condições especiais, o organismo pode demonstrar habilidades precoces em algum domínio. Um exemplo de habilidade precoce da literatura animal é o desmame dos filhotes de ratos. Os ratos normalmente não comem nem bebem independentemente por cerca de três semanas depois do nascimento. Entretanto, Hall e Bryan (1980) demonstraram que os ratos recém-nascidos ingerem líquido ou refeições semi-sólidas do chão da câmara de testes quando a temperatura está suficientemente quente.

A fim de compreender como as crianças aprendem a alcançar os objetos, Thelen e Smith (1994) examinaram quatro bebês que tinham entre três semanas até um ano de idade. O que as pesquisadoras concluem é que cada uma das quatro crianças enfrentou problemas originais na aprendizagem de alcançar objetos, baseadas em seu nível de energia individual, na massa do corpo e pelas maneiras diferentes com que tentaram inicialmente alcançar. Dados os movimentos, cada criança precisou aprender que um jogo diferente de estratégias seria necessário para controlar seus braços de modo que a solução final fosse ajustada ao problema original que ela particularmente estava encontrando. Assim, cada criança podia eventualmente superar estes obstáculos e aprender a alcançar os brinquedos, mas a maneira específica do aprendizado depende de inúmeros comportamentos encontrados no seu enfrentamento. Thelen e Smith descrevem um experimento realizado com dois bebês, Gabriel e Hanna. Gabriel é descrito como uma criança ativa e inicialmente incapaz de alcançar o brinquedo, porque agitava excitadamente seus braços em movimentos aparentemente aleatórios, não muito focados na obtenção do brinquedo. Consequentemente, teve que aprender a controlar esses movimentos, de modo a concentrar-se na tarefa. Aprendendo a controlar os movimentos de excitação, ele pôde então alcançar de forma controlada sua mão na posição desejada. Gabriel aprendeu a alcançar os brinquedos após múltiplas tentativas malsucedidas. Essas tentativas foram valiosas para ajudá-lo a entender como ajustar seus testes-padrão musculares, de modo que um teste padrão de alcance bem-sucedido emergisse, permitindo-lhe focalizar sua energia no sentido do brinquedo. Ao contrário de Gabriel, Hannah é descrita como uma criança visualmente alerta e social, mas menos ativa em seus movimentos, mantendo uma postura contemplativa. Ela não apresentou problemas de controle, porém foi incapaz de gerar força suficiente para dominar a gravidade e acionar seu braço para frente. Como Gabriel, Hannah aprendeu a exercer a quantidade de força necessária para alcançar um objeto pela experimentação e erro. Thelen e Smith (1994) concluem que o problema de Gabriel e Hanna era a necessidade de um ajuste de energia da força que move seus braços para deixá-los suficientemente esticados ou forçá-los a desprender-se. O que Gabriel e Hannah tinham em comum era a habilidade para moldar as forças nos braços e alterar seu afastamento, mas os testes-padrão não funcionais aos movimentos trouxeram ações que se desdobraram em tempo real, sendo uma das suposições teóricas que definem a cognição corporificada. As instabilidades, novidades e variações de contexto possibilitaram testar o alcance das capacidades de resposta. Dentro do desafio da variabilidade, frequentemente se descobrem soluções flexíveis e não aparentes dentro das mais restritas condições. Thelen e Smith acreditam que as variáveis não são justamente os ruídos em um grande plano desenvolvimental, mas são os "processos que engendram mudanças desenvolvimentais". Elas sugerem que as soluções se dão pela exploração, que gera múltiplos movimentos. Quando uma nova tarefa obriga a criança a agir, ela já possui certa compreensão devido aos movimentos adquiridos anteriormente. A adequação de forças e sua interação com o meio ambiente são ideias-chave para o aprendizado da criança. Conforme o experimento de Thelen, no ajuste de forças para alcançar ou chutar os brinquedos, "as crianças aprendem a lembrar e a generalizar o conceito de ordem superior da 'força em geral' " (TORRES, 2000: 95).

Thelen e Smith enfatizam não se tratar de uma saída reducionista: adiciona-se o poder da explanação dinâmica para demonstrar os princípios no trabalho de vários níveis de análise. Os eventos no nível comportamental encontram suporte pela dinâmica neural e morfológica. O desafio teórico em relação à teoria da ação, que diz respeito à percepção e ao movimento, inicia-se com o desenvolvimento da locomoção. O desenvolvimento locomotor ilustra a aplicação dos princípios para o problema desenvolvimental de forma mais transparente e acessível, não apenas como mero movimento. A motivação é uma propriedade constante e distribuída que comunica significados e valores para as ações individuais. Aprender a andar é menos uma prescrição lógica: toda criança normal aprende a andar verticalmente devido aos elementos anatômicos e neurais que têm uma história filogenética, forte motivação para mover, gravidade, coisas que dizem respeito ao *onto* e certas facilidades nas configurações sensório-motoras. O caminho se auto-organiza dentro desses construtos porque os sistemas dinâmicos complexos, não lineares, ocupam os estados comportamentais. Quando um componente está livre para responder a uma variação de tarefas do meio ambiente e em tempo real, ele mostrará mudanças dinâmicas durante uma escala de tempo, devendo mudar os componentes orgânicos, a tarefa e o suporte meio ambiental.

Quando uma criança vê um brinquedo passar no quarto e pretende se mover em sua direção, a forma da locomoção – se ele ou ela caminha ou engatinha, por exemplo – é um produto dinâmico de status neuro-muscular e motivacional, a natureza da superfície de suporte, e a localização do brinquedo. Com o desenvolvimento, a estabilidade daquela forma pode aumentar (andando) ou decair (engatinhando), mas o encontro do comportamento permanece[8] (THELEN & SMITH, 1994: 74).

Na perspectiva dinâmica, as distinções entre agir, aprender e desenvolver acabam sendo diluídas. A teoria sustentada por Thelen e Smith considera que as mudanças ocorrem em diferentes escalas de tempo e sugere que os princípios dinâmicos podem ser aplicados em muitos níveis de análise do desenvolvimento comportamental, da embriologia neural à interação social. Quando as pessoas têm objetivos, intenções e tarefas, elas pensam, movem-se, falam, e cada ato é uma nova forma comportamental, muitas vezes até predizível, mas variável, flexível e adaptativa em cada instanciação. Assim, os argumentos de Thelen e Smith apontam para a especificidade existente em cada corpo que evidencia sua singularidade.

Cabe aqui uma ponte entre os estudos destas pesquisadoras e a Teoria Corpomídia, que trabalha com a hipótese do "estado do corpo ser". Na Teoria Corpomídia, o corpo é pensado enquanto mídia de si próprio, ou seja, nas trocas que realiza com o ambiente estabelece-se sua característica particular, naquele momento, mas sempre em permanente troca. Ao observar um corpo, visualiza-se um "estado", e não um corpo que possui um modelo estabelecido. No processo em que a informação adentra,

---

[8] "When an infant sees a toy across the room and intends to move toward it, the form of that locomotion – whether he or she walks or crawls, for example – is a dynamic product of the child's neuromuscular and motivacional status, the nature of the support surface, and the location of the toy. With development, the stability of that form may increase (walking) or decrease (crawling), but the dynamical assembly of the behavior remains" (THELEN & SMITH, 1994: 74).

tudo se reorganiza novamente. Nessa perspectiva, todo corpo é um estado de coisas que dele fazem parte. E, no momento em que ocorre alguma modificação, sucede também um inteiro rearranjo.

A proposta em desenvolvimento pelas pesquisadoras Greiner e Katz, na PUC-SP, procura olhar para o corpo como um "estado processual". É um estado que depende das coleções que estão naquele estado de informações e que muda constantemente. O corpo não é um instrumento de alguém, ou de um sujeito que o habita. Assim, para o pesquisador que o analisará, a tarefa será observar o viés da sua singularidade. Mesmo estando o corpo em um grupo ou vivendo uma experiência comum com outros indivíduos, há sempre um traço singular que depende fundamentalmente do ambiente, em uma correlação. O corpo assim se constitui devido ao ambiente em que esteve e em que estará. Entretanto, ele não é construído pelo ambiente e isso se deve ao fluxo de informações que o atravessa, em dupla direção, o tempo todo.

O corpo não é como uma tábula rasa ou uma lousa em branco, conforme imaginava Piaget, para ser inscrita pelo ambiente, pela cultura, por algo ou por alguém; na verdade, ele se porta como um processador. A pertinência da ideia sobre a influência do meio ou da genética deixa de existir, pois tanto a biologia como a cultura encontram-se entrelaçadas. Ilya Prigogine, Prêmio Nobel de Química em 1967, comenta que na ciência clássica o observador olhava o mundo físico do exterior, baseado no pensamento objetivo. Entretanto, segundo a teoria evolutiva, os processos são contínuos e coevoluem no tempo. Assim, essa evidência se imprime no corpo humano, que passa a ser visto como biologia e cultura.

Na medida em que se enfatiza o respeito à individualidade da criança e à participação na elaboração das decisões sobre a vida em comunidade (SINGER, 1997: 18), estabelece-se o vínculo com as propostas de Thelen e Smith e a Teoria Corpomídia. O respeito à singularidade reforça a autonomia do corpo em formação, desviando-o do foco daquele mecanismo disciplinador para a produção de indivíduos dóceis. O corpo deixa de ser objeto e alvo do poder e passa a aprender pelo viés da socialização, da afetividade, desenvolvendo estratégias políticas de sobrevivência.

Tal teoria encontra sintonia com as discussões que vêm sendo trabalhadas cada vez mais no campo da comunicação. Muniz Sodré ressalta que, na medida em que ocorre uma ação de afetividade com abertura para o Outro, a estratégia passa a ser a maneira como se decide uma singularidade. "O singular não é o individual, nem o grupal, mas o sentido em potência — portanto, é um afeto, isento de representação e sem atribuição de predicados a sujeitos". Na visão de Muniz Sodré (2006: 10), nas relações comunicativas, além daquilo que se "dá a conhecer", existe "o que se dá a reconhecer como relação entre duas subjetividades, entre os interlocutores". A racionalidade linguística e as lógicas argumentativas da comunicação não dão conta de responder quem é esse "outro" com quem falamos e vice-versa. Assim, "as estratégias sensíveis" nada mais são que "os jogos de vinculação dos atos discursivos às relações de localização e afetação dos sujeitos no interior da linguagem" (op. cit.).

Capítulo 3

Experimentações e estudo de caso

O projeto dobradura origami esteve inserido no contexto do projeto maior chamado Projeto Cultura Japonesa, escolhido pelas crianças da Escola Lumiar, em junho de 2003, logo no início de sua constituição. A proposta inicial pautou-se pela familiarização com o objeto e posterior sensibilização no trato com alguns elementos não comuns aos educandos. O movimento corporal no contato com o papel, trabalhado de maneira lúdica, possibilitou o levantamento de inúmeras questões a serem investigadas.

No Projeto Cultura Japonesa, o objetivo inicial da dobradura origami foi a ação exploratória por meio da brincadeira. E a partir da análise da receptividade demonstrada pelas crianças, procurava-se refletir sobre o passo seguinte. Nessa interação, o foco voltou-se para a captação das reações apresentadas pelas crianças, levando em consideração os pressupostos do filósofo Walter Benjamin (1994: 253) no tocante à essência da brincadeira ser a repetição: "nada dá prazer maior à criança quanto 'brincar outra vez', saborear repetidamente, do modo mais intenso, as mesmas vitórias e triunfos. A criança recria a experiência, começa tudo de novo, desde o início".

Na Escola Lumiar, os projetos estão disponíveis para toda criança, sem limitação etária, pois a base de sustentação é corresponder aos anseios dos interessados pela livre participação. A criança é livre também para percorrer os cômodos da casa-escola em busca da atividade que mais lhe chame a atenção. Os mestres, por sua vez, oferecem as atividades às crianças sabendo que não há um compromisso de permanência à atividade, o que significa saber que, a qualquer momento, ela pode desinteressar--se e sair da atividade. A criança interessada movimenta-se em direção àquilo que a atrai.

No contexto da dinâmica de configuração do Projeto Cultura Japonesa, o propósito da temática inicial foi a "Festa Junina". Tema explorado pela ideia de se criar uma ponte com outros eventos que vinham sendo trabalhados por crianças e educadores. O projeto oferecido em forma de dobradura origami teve como matriz norteadora o enredamento de diferentes interlocuções. Nesse sentido, a realização de ações conjugadas complementou a dinâmica do aprendizado. A pergunta inicial – "O que você está fazendo?" – parecia um elo entre a ação inicial e o processo de interação dos outros encontros. Algumas vezes, tais questionamentos pareciam ritualizados, como se fossem programados para qualquer início. Mas o resultado dessa abordagem sempre provocava alguma coisa, uma ação no corpo. Conforme definiu Laban, caracterizado "por ser a projeção externa de um impulso inerente para o movimento, seja ele funcional ou expressivo" (LABAN apud RENGEL, 2000: 23).

A fundamentação em relação às atividades com o origami baseou-se nas pesquisas da arte-educadora Aschenbach (1990: 16), que bem pontuou os inúmeros caminhos possíveis. Segundo a autora, no processo de aprendizado da dobradura, outras atividades, como desenhos, pinturas, colagens, recortes, dramatizações e criação de histórias, podem ser estimuladas ao longo de todo o trabalho. Embora não seja inovadora, tal sugestão possibilitou uma participação efetiva na observação de inúmeros dados, que vão desde a ação e o movimento corporal na interação com o espaço e o tempo, ao manuseio de variados materiais e a expressividade pelas diferentes linguagens, no uso de palavras, imitações e ações, que acabavam criando sempre novos sentidos pela experiência exploratória.

No Projeto Cultura Japonesa, ao longo dos três meses que se sucederam, do trabalho inicial com a familiarização e a dobragem de copos, balões, bandeiras, flores, peixes etc., foi possível compartilhar com as crianças outros tipos de atividades, tais como: desenho, pintura, colagem, montagem, costura (de um par de pantufas), culinária (pipoca e bom-bom), confecção de papel reciclado, porta-retratos, cartão, jogo americano, flores, marca-texto (de boneca japonesa), peixinho (*Nemo*), contagem de história e brincadeira com o alfabeto japonês (*hiragana*). Em diálogo constante com as crianças, também foi possível ao mestre aprender com elas, principalmente ao flagrar gestos de solidariedade demonstrados numa manifestação espontânea e madura. Por outras vezes, tais gestos vinham recheados de peraltices, que ensinavam aos ouvintes sobre a dinâmica que envolve o encontro entre pessoas, e sobre a necessidade de um pouquinho de paciência dos adultos na leitura de seus manifestos. Muitas vezes, fiquei pensando, quando as observava em cima das jabuticabeiras... São crianças e parecem felizes. Por outras vezes, quando estavam entretidas em suas atividades, nas salas, nos corredores, pareciam tomadas pela força de seus interesses e eram como outra pessoa, sérias, compenetradas. E assim, numa grande casa antiga, muitos educadores acompanham com expectativa o andamento dessa polêmica instituição que parece já acostumada a conviver com o assédio.

Voltando ao relato, na primeira dinâmica com as crianças, pôde-se notar que houve interesse maior pela dobradura de copinho, devido à facilidade de sua execução. Após vários copos produzidos, a procura foi pelo aprendizado do origami de balão. Diante da exiguidade do espaço em que trabalhávamos sobre a mesa, resolvemos transferir a atividade para o chão. Nesse sentido, a liberdade do movimento corporal permitiu maior relação com o espaço, facilitando a ação sobre os diferentes materiais (tesoura, papel e outros). Para algumas crianças menores, quando o balão parecia difícil de ser dobrado, a solução foi cortarmos papéis maiores para auxiliar numa nova tentativa. Enquanto algumas tentavam, outras desistiam e iam brincar, abandonando os papéis semivincados. Nesse momento (e em alguns outros que se repetiram com as crianças maiores), a questão sobre liberdade em demasia transformou-se em inquietação.

Qual seria a ressonância desse abandono sem esforço em relação ao futuro das crianças? Essa questão também foi levantada por Moruzzi (2005) em sua dissertação de mestrado, ficando em aberto para futuras análises. Outras crianças acompanharam o processo e demonstraram satisfação após ver o balão pronto e durante as aulas seguintes continuavam a fazê-lo.

No transcorrer da dobragem dos balões, discutíamos sobre as formas geométricas e as crianças identificaram sem dificuldades o quadrado, o retângulo, o triângulo, o losango e até recortaram um trapézio.

A dinâmica da atividade de estourar pipocas para colocá-las nos copinhos foi bastante interessante. Apesar da aparente simplicidade envolvendo essa ação, o modo como as crianças demonstraram interesse e interação teria muito a dizer sobre os processos e as aquisições de novas habilidades cognitivas. O relatório mais específico segue adiante, mas, para um entendimento do contexto vivido, transcrevo aqui uma síntese dele.

Após anunciar que iríamos preparar as pipocas para colocar nos copinhos, as crianças ficaram eufóricas. Fomos para o fogão e conversei com elas sobre os cuidados que devemos ter com o fogo, os perigos da queimadura e a necessidade de estar perto de um adulto para ajudá-las. Houve uma grande expectativa em relação a ouvir os primeiros sons da pipoca estourando na panela. Várias crianças se apertavam sobre suas minúsculas cadeiras ao redor do fogão para não perderem nenhum momento, que, naquele instante mágico, parecia permeado pela poesia da vida a contaminar mestre e crianças. Colocamos as pipocas numa tigela grande e a levamos para a mesa do lanche. Alguém trouxe uma pequena pá de plástico para dividir as pipocas com todas as crianças, que já estavam sentadas em torno das pequenas mesas adaptadas para elas. A euforia deu-se por conta da ação de abrir os copinhos e colocar as pipocas. Algumas crianças demonstraram-se solidárias com os outros colegas, dividindo seus copinhos com aqueles que não haviam aprendido a fazê-lo. Quando a pipoca acabou, perguntei se queriam mais e, diante de um "sim" generalizado, fui novamente até a cozinha, sendo novamente seguida por algumas crianças entusiasmadas, que carregavam suas pequenas cadeiras para poder visualizar cada detalhe. Preparamos juntos, cantamos, e posso afirmar com toda a convicção que foram momentos muito marcantes e divertidos, não só pelo som da pipoca estourando, mas também pelas batidas da colher sobre a tampa da panela, que as motivaram a cantar comigo um tipo de percussão ouvida na minha infância e que acionavam o imaginário infantil na crença de que algo fazia com que as pipocas estourassem mais depressa... *Arrebenta pipoca Maria pororoca...* A percussão parecia interessante às crianças, que, mesmo sentindo ser um recurso de improvisação para causar um impacto naquele momento, eram solidárias à atitude do mestre que lhes oferecia um momento a mais de convívio focado, sobretudo lhes proporcionando momentos felizes. Os gestos e a percussão foram memorizados instantaneamente pelas crianças, que repetiram várias vezes, cantando e batendo com a colher sobre a tampa. Na realidade, isso me lembrou um trabalho anterior, de especialização, em que dei início a uma pesquisa sobre o processo cognitivo infantil. Nessa pesquisa, alguns estudiosos da cognição, como Bruner (1976) e Kishimoto (1998), apontavam a brincadeira como uma atividade facilitadora na aquisição do comportamento exploratório e na flexibilidade de sua conduta.

O Projeto Cultura Japonesa e o Projeto Dobradura Origami procuraram transmitir o conhecimento de maneira lúdica, tentando atender aos anseios da criança. A temática trabalhada de forma a quebrar a rigidez disciplinar proporcionou interesse em relação a certos conceitos complexos que, quando inseridos no contexto do Mosaico, pretendeu disponibilizar as informações de forma transversal.

As participações ativas das crianças, a liberdade de escolha e os muitos questionamentos foram ações positivas, pois somente os interessados se aproximavam para aprender. Em algumas ocasiões, existiram as disputas normais para a idade, tais como escolher uma peça antes dos outros, querer a peça esteticamente mais agradável, ser o primeiro a ajudar o mestre etc. No entanto, são disputas inofensivas, administradas por elas mesmas de maneira saudável. Em geral, conforme o interesse e o desempenho apresentado nas atividades e observando os questionamentos surgidos ao longo do trabalho, acredito ter alcançado a maioria dos objetivos propostos.

O interesse maior apontado pelas crianças foi a realização da atividade prática; em geral, houve pouco interesse pela pesquisa bibliográfica. Junto do fazer vieram inúmeras outras lições, algumas inerentes ao trabalho em equipe e outras ao comportamento individual. A curiosidade é o polo gerador de interesse pela atividade. O diálogo entre o mestre e a criança obtém êxito a partir da procura pelo entendimento da linguagem da criança. Quando a proposta não agrada, uma nova forma de interação deve ser pensada. O respeito à singularidade da criança deve ser sempre enfatizado. Quando a proposta não causou o impacto imaginado, a análise pode elucidar alguns pontos: a não familiarização com elementos de outra cultura; a inadequação à habilidade motora; a falta de tempo para o desenvolvimento adequado da atividade.

Através da dobradura origami, pode ser percebida a importância do trabalho em conjunto, o viés relacional. Em geral, as crianças sentem o desejo de produzir algo para presentear os seus familiares. Nas várias atividades, isso ficou bastante claro, quando as crianças menores repetiram incessantemente que queriam presentear seus pais com suas produções. Por mais óbvio que possa parecer, a família é base de extrema importância para a felicidade da criança e, nesse sentido, a Escola Lumiar procura pensar a escola como uma extensão do contexto familiar.

A seguir, para melhor acompanhamento do percurso, transcrevo o Relatório de Atividade realizada como mestre na Escola Lumiar no início de sua formação em 2003.

Escola Lumiar (São Paulo)

Projeto Cultura Japonesa
1ª aula – Origami
26 de Junho de 2003

E como tudo começou...

Por ser o mês de junho, a proposta desta aula teve como foco contextualizar o tema: *Festa Junina*, através de aula prática em que as crianças confeccionaram balões e copinhos (para pipoca), aprendendo a trabalhar com o origami. O objetivo inicial foi aguçar o desejo no aprendizado do origami, sem imposição, de maneira lúdica e descontraída.

De acordo com o planejamento, na etapa inicial, houve a preocupação em despertar o interesse da criança, realizando outras tarefas conjugadas, como cantar ou estourar pipocas. Conforme a dinâmica do aprendizado, o projeto inicial sofreu algumas alterações, discutidas abaixo.

O interesse em questão

Conforme o objetivo traçado, considero como ponto positivo a receptividade das crianças no aprendizado do origami. Enquanto eu ainda me preparava para dispor os materiais sobre a mesa, fui surpreendida por algumas crianças que se aproximaram curiosas e perguntaram:

– O que você está fazendo?

Esta foi a pergunta-chave para o início de um trabalho interativo que possibilitou o início da manipulação dos materiais. O corte dos papéis foi realizado em conjunto com as crianças que aparentaram perfil de iniciativa e liderança. A Lu[1] se propôs a ser a assistente e ajudar a cortar os papéis. A Ma, embora

---
[1] Foram utilizados pseudônimos em referência às pessoas que participaram deste projeto.

mais quietinha, também manifestou o desejo de ajudar. O Gi surgiu com muita energia, dizendo que queria aprender. Logo chegaram também o Mar, o Lu, a Fa, a Ju e o Fe e, de repente, a mesa estava cercada por crianças de várias idades.

O interesse maior foi pela produção de copinhos, que aparentemente eram fáceis de fazer, e parecia um desafio vencido pelas crianças. Após vários copinhos produzidos, elas passaram a se interessar pelo balão. Como o espaço ficou apertado, resolvemos trabalhar no chão. Para as crianças menores, o balão parecia difícil de ser dobrado e nem todas conseguiram fazer isso. Algumas crianças desistiram e foram brincar, abandonando os papéis semivincados. Outras, pacientemente, acompanharam o passo a passo e demonstraram satisfação após ver o balão pronto. As crianças não são todas iguais e, naquele momento, pude perceber que elas eram respeitadas, ninguém brigaria com elas caso não quisessem continuar. E assim foi. As que conseguiram concluir o balão foram: Lu, Ma, Gi e Mar. E quem não conseguiu ou não quis concluir foi: Fa, Fe, Cri e Ju. Enquanto montávamos os balões, discutimos sobre as formas geométricas: as crianças identificaram sem dificuldades o quadrado, o retângulo, o triângulo, o losango e até recortaram um trapézio. Foi uma conversa bastante divertida! Após anunciar que iríamos preparar pipocas para colocar nos copinhos, as crianças ficaram entusiasmadas e agitadas. A sra. Ma estava procurando as bandeirinhas prontas (que já estavam coladas no barbante), para a Festa Junina da escola. Aproveitando esse momento, tentei mostrar para as crianças que poderíamos fazer as bandeirinhas com as aparas dos papéis que tinham o formato retangular. No entanto, como estava no horário do lanche da tarde, somado com a euforia da preparação da pipoca, elas não demonstraram muito interesse em aprender a fazer as bandeirinhas. E, mesmo assim, tudo continua interessante.

Preparando as pipocas

Fomos para o fogão e conversei com elas sobre os cuidados que devemos ter com o fogo, os perigos da queimadura e a necessidade de estar perto de um adulto para ajudá-las. Os mais interessados (aqueles cujo nome consegui lembrar) foram: Gi, Ma, Cri, Ju, Lu e Ma. Houve uma grande expectativa ao ouvir os primeiros sons da pipoca estourando na panela. Algumas crianças estavam preocupadas em não perder o lanchinho, pois queriam comer as bisnaguinhas. Elas foram buscar uma bisnaguinha e voltaram a subir nas cadeirinhas em volta do fogão para ver as pipocas prontas. Colocamos as pipocas numa tigela grande e levamos para a mesa do lanche. Alguém trouxe uma pequena pá de plástico para dividir as pipocas entre todas as crianças que já estavam sentadas em torno das mesas do lanche. A euforia foi colocar as pipocas nos copinhos, e muitas crianças dividiram os seus com outras que não tinham aprendido a fazê-los. Quem gostou muito das pipocas foi o pequeno Fe, de dois anos, repetiu várias vezes. Quando a pipoca acabou, perguntei se queriam mais; como a resposta foi sim, fui novamente até a cozinha para preparar mais um pouco. Enquanto preparava a segunda rodada, algumas crianças vieram novamente com as cadeiras para a cozinha e assistiram às pipocas estourarem na panela. Contei-lhes que, na minha infância, algumas pessoas, quando estouravam pipocas, tocavam com uma colher sobre a tampa da panela e cantavam uma música que, segundo acreditavam, fazia as pipocas estourarem mais depressa. E cantamos a música *Arrebenta pipoca Maria pororoca...* Houve um silêncio e elas tentavam ouvir os sons da pipoca com a música. Quem gostou da ideia foi a Ju, que repetiu várias vezes a música, batendo com a colher sobre a tampa. Depois que a pipoca ficou pronta, foi colocada na tigela sobre a mesa, e o Fe veio correndo para buscá-las. Ele corria ao jardim para brincar e voltava para encher seu copinho, aparentemente muito tranquilo e feliz.

Por volta das 17h, iniciamos o trabalho de limpeza e conversei por um tempo com a educadora Cri, tirando algumas dúvidas sobre os procedimentos após cada aula.

Reflexões sobre o dia...

Conforme os objetivos iniciais, acredito que as crianças, de maneira geral, corresponderam às expectativas quanto ao processo de familiarização e aprendizado do origami. Demonstraram interesse e aceitação pela proposta.

O tema trabalhado de forma lúdica e interativa proporcionou maior assimilação de certos conceitos complexos. Por meio da participação ativa, as crianças demonstraram com certa tranquilidade seus interesses, habilidades e entendimentos diversos.

2ª Aula – Origami
3 de Julho de 2003

E como será a segunda vez?

Conforme previa o projeto inicial do plano de aula, o foco estaria inserido no contexto da temática "Festa Junina", trabalhado com as crianças no final de semana anterior. Tendo em vista a participação delas na quadrilha e nas brincadeiras, acrescentei a esta aula a confecção de um porta-retratos que possibilitasse expor as memórias do evento.

O objetivo foi ressaltar a temática através da construção de um origami que, ao mesmo tempo, permitisse a valorização do evento e da participação em grupo.

A dinâmica de um novo encontro

Quando cheguei à escola, fui recebida com alegria por algumas crianças que vieram correndo me abraçar. Que alegria! A Fa contou animada que era o seu aniversário e que teria bolo na hora do lanche. Neste dia, estava presente uma professora da Noruega que se mostrava bastante interessada no desenvolvimento infantil. A sra. Ma e a He me acompanharam até a sala. Como as crianças estavam interessadas em manusear os papéis, a sra. Ma trouxe algumas cadeirinhas para que sentássemos e pudéssemos dobrá-los confortavelmente. Apesar da dobragem do porta-retratos parecer simples, algumas crianças tiveram certa dificuldade. O Gi estava com vontade de fazer somente os copinhos da aula anterior e ficou fazendo-os. Ele fez também um bico de pato. A Vi se aproximou e ficou encantada com a amostra do porta-retratos que exibia uma foto da festa junina. As crianças pediram para ver as fotografias da festa junina e logo procuravam suas imagens ou a de alguém de suas famílias. Vi ficou manhosa quando não conseguiu se visualizar nas fotos. Procuramos até encontrar uma imagem dela, mesmo em um plano menor.

Logo chegou a Ma, que se aproximou e começou a prestar atenção sem nada dizer. Enquanto isso, na sala de refeições, a mesa estava sendo posta para o bolo de aniversário da Fa e fomos chamados para participar da comemoração. Fizemos um breve intervalo. Cantamos parabéns e, após a rodada de bolo e docinhos, as crianças me chamaram para continuar a aula.

Continuando após o bolo da Fa

Continuamos dobrando os porta-retratos. Cada um a seu tempo tentava com muito empenho seguir as etapas de dobragem. O Fe chegou um pouco depois e também queria aprender, mas, como tem apenas dois anos, encontrou alguma dificuldade e foi auxiliado pela sra. Ma. O Mar estava com muita vontade de aprender e, embora não tenha dobrado com tanta paciência, conseguiu terminar. A Ma foi a mais entusiasmada e fez vários, dizendo que iria levar para casa. Ela contou um pouco sobre sua vida particular, a separação dos pais, e relembrou alguns assuntos de quando era pequena, mas parecia administrar bem os conflitos. Apesar dos seus seis anos, ela parece ser uma criança madura para a sua idade. Depois de prontos, os porta-retratos passaram para o processo de aprimoramento estético. Com um pequeno furador de papel, as crianças fizeram orifícios escolhendo onde queriam que o laço passasse (fitas do personagem sapinho *Keroppi*). Nesse momento, apareceu a Ju, que ficou entusiasmada com o furador que a Vi estava prestes a utilizar. Ju agarrou-o e não queria cedê-lo à sua colega. Vi tentou puxá-lo, mas acabou recebendo um apertão no dedinho indicador, no momento em que a Ju forçou a haste. Vi chorou de dor e, então, conversei com a Ju para que ela pedisse desculpas à colega. Ela pensou um pouco e pediu desculpas, Vi aceitou e parou de chorar. Tudo aconteceu muito rápido, mas percebo que as crianças entendem bem os seus códigos e pela convivência harmoniosa desenvolvem naturalmente questões de civilidade. Cada um escolheu a maneira como desejava enfeitar o seu porta-retratos. E, aproveitando que as crianças estavam recortando as fitinhas para fazer um laço, cantamos uma música: *"Minha pombinha voou, voou, voou, caiu no laço e se embaraçou. Ai, me dá um abraço que eu desembaraço a minha pombinha que caiu no laço..."* Gi, Vi e Ma gostaram da música e acompanharam gesticulando com os braços, imitando as asas da pombinha. Elas recortaram inúmeras figuras do sapinho e dispuseram o letreiro à parte. Ju recriou um outro tipo de porta-retratos e fez questão de pregar uma foto da festa junina, dizendo que iria dar de presente para a sua mamãe. Ela e Vi já conversavam animadamente sobre suas obras e não mais havia sinal de lágrimas. Ma não quis enfeitar a sua peça, deixando seu porta-retrato em cima da mesa e indo brincar no quintal.

Quantas lições em mais um dia...

Dentro dos objetivos iniciais, acrescentei algumas modificações devido à dinâmica existente na primeira aula. Assim, após a familiarização, a ideia seguinte teve como foco a valorização do evento da Festa Junina, por meio da exibição das imagens.

As crianças que participaram da atividade, aparentemente, manifestaram interesse pela proposta, embora, em alguns momentos, algumas parecessem um pouco cansadas. Acho que a atividade de origami deve respeitar e se adequar à capacidade cognitiva de cada criança, o que significa também atentar-se para o fato de que, em alguns casos, o processo de desenvolvimento ocorre além da idade. O mestre poderá observar cautelosamente certas características para que não haja o desinteresse de ambas as partes.

A participação ativa das crianças, permitindo-lhes liberdade na escolha das atividades, demonstra ser bastante eficiente, pois somente os alunos interessados se aproximam para aprender e o aproveitamento é muito maior com crianças interessadas.

O mestre deve estar atento e disposto a mudar de atividade, caso sua proposta não esteja agradando às crianças que se aproximaram com interesse inicial.

3ª Aula – Papel reciclado
10 de Julho de 2003

Mais um dia, um novo desafio...

Nesta aula, trabalhamos, entre outras coisas, o contexto histórico do papel, que é a base do origami. Conforme pesquisas,[2] o papel foi inventado na China, por volta do ano 105 d.C., e, posteriormente, durante o século VIII, passou a ser utilizado pelos povos da Ásia Central. O uso no continente europeu ocorreu com a introdução pelos árabes no século XIV. Como tais informações seriam complexas para as crianças com pouca idade, a ideia foi contar uma pequena historinha com mímica e careta para que elas pudessem imaginar o quadro histórico de maior relevância.

Além de enfocar o contexto histórico de forma lúdica, o objetivo foi também auxiliar as crianças na compreensão dos processos que envolvem a fabricação do papel reciclado. Através da atividade prática de confecção do papel reciclado, procurou-se levar as crianças a inúmeras inferências, possibilitando o estabelecimento de relações perceptivas entre as variedades e as características principais observadas. A manipulação de diversos tipos de materiais e texturas teve também a finalidade de

---

[2] Encyclopaedia brittanica do Brasil, 1998: 91

ativar o processo criativo infantil, provocando o levantamento de questões pelas crianças e a procura por respostas.

Será que conseguimos?

Quando cheguei à escola, observei que a sala onde realizamos as aulas anteriores tinha sido fechada pelas crianças e havia um bilhete escrito em letra cursiva infantil. Como avistei a sra. Ma, a He e as demais educadoras conversando próximas à sala de lanches, fui cumprimentá-las. Falei-lhes sobre a minha ideia de modificar o plano de aula inicial devido ao interesse e à dinamicidade existente no ambiente em que as crianças trabalhavam animadamente. A sra. Ma pontuou que tinha observado muito interesse das crianças pelas atividades, mas foi favorável à nova ideia. Recebi o apoio das educadoras e, assim que entreguei os relatórios das aulas anteriores, ouvi as crianças me chamando. Entrei na sala onde elas brincavam e cumprimentei-as com abraços. A Lu me contou que estavam brincando de fazer reforma na casa e alertou que seria melhor que o meu material não ficasse ali, guardando a sacola em um canto. A sala estava bem arrumada. Do outro lado, saíram Vi e Ma, que vieram correndo me cumprimentar, contando que estavam brincando de casinha. Surgiu também a Ju, que me abraçou e perguntou:

— *O que você vai fazer hoje?*

Respondi que iríamos aprender a fazer papel reciclado. Disse-lhes que quem quisesse poderia vir comigo procurar um lugar que tivesse uma tomada e água, pois isso seria necessário. Vi, Ju, Lu, Ma e An me acompanharam até a mesa próxima à cozinha, ajudando a encontrar uma tomada. Ju estava muito empolgada com o tipo diferente de liquidificador que eu trouxera da minha casa (antigo e que não funcionou porque estava sem a borracha no fundo). An, de quatro anos, procurava sentar-se bem perto para não perder a explicação e, quando me dei conta, estavam ele e a Ju sentados em cima da mesa e

AÇÃO E PERCEPÇÃO NOS PROCESSOS EDUCACIONAIS   91

Fig. 8. Porta-retrato

Fig. 9. Papel reciclado feito com as crianças

olhando com muita atenção as minhas ações. Vi estava eufórica para que começássemos logo. Notei a ausência de Gi e, quando perguntei se ele estava doente, as crianças responderam que estava na biblioteca mexendo no computador.

Preparando o papel reciclado

Iniciei contando um pouco sobre a história do surgimento do papel na China. Para ilustrar, puxei as pálpebras para cima e salientei os dentes, contando que os chineses apresentavam algumas diferenças na fisionomia. Ma falou:

— *Assim como você, né?*

Respondi que sim e todos riram.

Ao explicar que as fibras de celulose presentes no papel (que as crianças estavam mergulhando na água), ao serem batidas no liquidificador, ocasionam o entrelaçamento para a formação de um novo papel, notei que An ficou muito feliz ao aprender uma palavra diferente e a repetia a todo instante: "celulose, celulose". A sra. Ma divertiu-se assistindo à empolgação das crianças na atividade, especialmente quando ouviu An dizendo que queria mexer logo na celulose. As crianças escolheram as cores que gostariam que predominassem em seus papéis e os colocaram na bacia com água. Vi queria um papel azul, An queria um amarelo e Ju queria um vermelho.

Depois que os papéis amoleceram, nós os colocamos no liquidificador com dois terços de água e batemos por alguns segundos, formando uma pasta. Essa pasta foi despejada diretamente na tela e na moldura. Na verdade, como uma forma adaptada para o momento, pois não tínhamos todos os recursos necessários, muito menos um tanque grande para mergulhar a solução pastosa. Ao misturarmos algumas pétalas de rosas e folhas de árvores secas, notamos que havia uma alegre combinação de texturas e cores, e as crianças pareciam gostar muito.

Quando os primeiros papéis começaram a ser produzidos, surgiram Lu e Ma, que tinham saído por algum tempo para brincar em suas casinhas, e Gi, que ainda não tinha visto o que estávamos fazendo. Gi chegou correndo e, com muita vontade de aprender, pediu para fazer um papel rosado. Ele misturou algumas pétalas e folhas para causar um efeito interessante. Ma tinha uma dúvida: ela disse que, na sua casa, não teria a tela nem a moldura; então, como poderia fazer o papel? Respondi-lhe que qualquer peneira fina e do tamanho desejado poderia ser utilizada, ou pedir ao papai para fabricar-lhe uma tela e uma moldura com o tamanho escolhido, e ela gostou da ideia.

Noto que Ju gosta muito de mexer nos equipamentos e, desta vez, ela se encantou com o liquidificador. Na aula passada, foi o furador; na retrasada, a minha tesoura grande. Preciso lembrá-la de que o aparelho poderá feri-la ou ficar danificado, caso seja ligado sem atenção, porém os cuidados são necessários a todo instante (ela tentou algumas vezes). Mas esta é uma característica positiva, que aponta a curiosidade pelo novo, apenas precisamos estar atentos para que ela não se machuque. O lanche da tarde foi servido com chocolate e pão integral com manteiga, feito pela cozinheira El. Estava muito gostoso! Após o lanche, surgiu novamente Ma, que começou a escolher a cor de seu papel e a mergulhá-lo na água. A mamãe do An veio buscá-lo, e ele ficou manhoso, dizendo que queria levar o seu papel para casa de qualquer jeito, mas não queria aquele que ele tinha feito, porque não gostou da cor final. A solução encontrada foi An levar o papel azul (de que naquele momento não sabíamos mais quem era o dono e ninguém se manifestou contrário a isso) e Ma ajudaria a dissolver novamente aquele de que ele não tinha gostado. Ela misturou vários materiais e produziu três novos papéis, que ficaram muito interessantes. Gi também foi um dos mais animados no final da aula e produziu seu papel misturando várias texturas. Ele se surpreendeu com o efeito final e ficou bastante feliz. Todos foram unânimes em querer levar para casa seus papéis e nenhuma das crianças permitiu que o educador Lu os estendesse no varal da escola para secagem. Acredito que, ao insistirem em querer levar o papel para casa, além de o mostrarem aos pais, seria como levar a continuidade da atividade realizada em equipe, materializada e palpável para elas.

Quando estávamos fazendo a limpeza do local, a menina Lu apareceu e me presenteou com um ursinho que ela mesma desenhou, recortou e bordou. Ela pediu para escolhermos um nome ao ursinho, mas, como eu não estava inspirada naquele momento, perguntei se poderia trazer a sugestão na semana seguinte. Então, ela e Ma escolheram alguns nomes e acabei encontrando um interessante junto com elas: "Tiquinho". Ficamos todos felizes com a escolha. Guardei o *Tiquinho* no meu bolso e agradeci muito pelo carinho. O Tiquinho tornou-se símbolo da minha passagem como mestre na Escola Lumiar e já esteve impresso, como um ícone, em alguns *papers* de congressos ao longo destes anos.

Ah, essas cores...

As crianças que realizaram a atividade demonstraram, sobretudo, interesse, segurança, desinibição, espontaneidade, curiosidade. Como não se sentem pressionadas, cada etapa seguiu conforme o ritmo de entendimento de cada um e em clima de harmonia e desafio próprio. Noto que algumas crianças apontam maior tendência em utilizar cores frias em demasia, como preto ou marinho (talvez inconscientemente), mas a maioria procurou as cores quentes, o vermelho, o laranja e o amarelo. Em algumas ocasiões, existiram as disputas normais para a idade, tais como: escolher uma peça primeiro, querer a peça considerada mais bonita, ou ser o primeiro a ajudar o mestre. No entanto, são disputas inofensivas, administradas por elas mesmas de maneira saudável. Conforme o interesse e o desempenho apresentado nesta atividade e observando os questionamentos surgidos ao longo do trabalho, acredito ter alcançado o objetivo inicial quanto à compreensão dos processos de maior relevância da proposta. As produções através de máquinas e equipamentos industriais foram explicadas, por alto, pelas ilustrações da enciclopédia, mas as crianças demonstra-

Fig. 10. Papel reciclado feito na escola

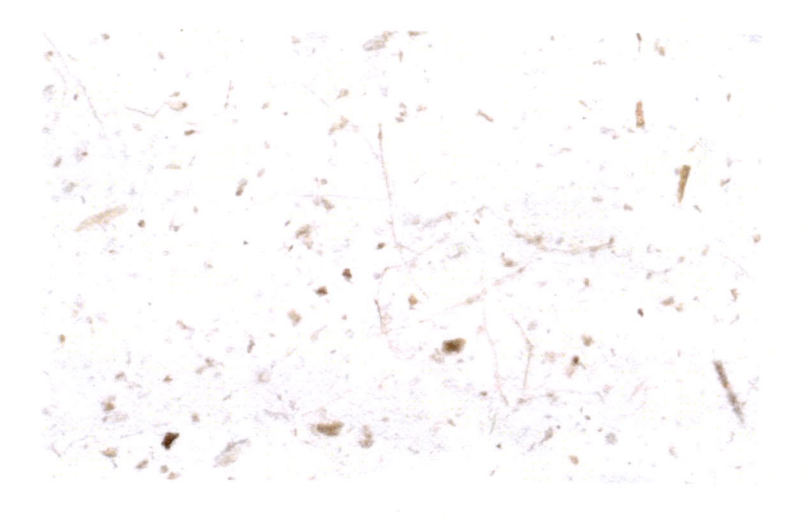

Fig. 11. Papel reciclado comprado pronto (utilizado como matriz)

ram interesse maior pela realização da atividade prática. De maneira geral, acredito que a aula foi bastante produtiva.

4.ª AULA — COSTURAR UMA PANTUFA
17 DE JULHO DE 2003

Como surgiu a ideia?

No final da aula passada, algumas crianças demonstraram interesse pela manipulação de agulha e linha, através da costura. Pensando nisto, tive a ideia de trabalhar com elas a confecção de uma pantufa em formato de sapinho, similar ao personagem *Keroppi* (que elas haviam recortado com entusiasmo na segunda aula, enfeitando o porta-retratos de origami). Essa aula teve como objetivo mostrar um pouco da vestimenta na cultura japonesa, o *quimono*, a ser trabalhada em origami na aula seguinte. Pensando em facilitar a familiarização de alguns termos complexos, culturalmente desconhecidos pelas crianças, e, aproveitando o interesse observado pela atividade, creio que, por meio da brincadeira e da inserção gradativa desses termos, possa existir maior assimilação.

Procurando um cantinho...

Quando cheguei ao portão da escola, a Du, de três anos, parou-me e pediu ajuda para colocar sua blusa, dizendo que estava com frio. Entramos na escola e no corredor externo encontramos as educadoras conversando. Contei-lhes sobre a atividade do dia e fomos para a biblioteca onde estão os computadores. A He e outras duas professoras estavam reunidas e segui ao encontro de algum canto para me instalar. Estava tentando encontrar um local adequado e que não atrapalhasse o horário do lanche, quando fui informada de que nesse dia não havia muitas crianças, então, poderia utilizar tranquilamente a sala de refeições. Du foi a primeira a demonstrar interesse em aprender e perguntou:

— O que você vai fazer?

Em seguida, chegaram a Fa e a Vi. Na ponta da mesa, estavam sentadas a Ma e a educadora Li, entretidas em outra atividade. Quando comecei a explicar que iríamos aprender a fazer uma pantufa do sapinho *Keroppi* e que elas mesmas iriam costurá-la, surgiu a Ju e sua mamãe El (que comentou que a filha não quis mais dormir, levantando-se assim que ouviu a minha voz, o que me deixou imensamente feliz). Quando retomei as explicações, a mesa estava rodeada de crianças e eu começava a transpirar, mesmo num dia de inverno, para conseguir explicar a todos.

Uma experiência maravilhosa!

Para esta atividade, os moldes estavam semiprontos, cortados e furados para que as crianças pudessem aprender os pontos da costura. Propus-me a enviar, na próxima aula, os moldes juntamente com o relatório, para que as mamães pudessem usá-los em suas casas com as crianças. A base foi recortada sobre a folha de E.V.A. (encontrada em lojas do ramo, nas ruas da região da 25 de Março, em São Paulo) e a parte superior em feltro verde. Os olhos do sapinho também foram encontrados nas lojas da 25 de Março. Os orifícios para passar a lã foram feitos com a agulha aquecida no fogo.

Contei-lhes que iríamos aprender primeiramente os pontos de costura e, depois, o ponto arremate. Quando as pantufas estivessem prontas, elas poderiam levá-las para casa e usar nos dias de frio. Ju não sabia o que era pantufa e ficou muito feliz porque nunca teve uma. As crianças iniciaram a atividade com muita energia, mas não foi muito fácil orientar com calma cada uma. Todas estavam eufóricas e algumas experimentaram alinhavar desordenadamente por entre os orifícios, o que foi de certa forma positivo para o entendimento do processo.

Como a atividade trabalhada exigia certa habilidade, depois de aprendido o ponto alinhavo básico, a El se propôs a ajudar as crianças que tinham dificuldade em completar o ponto arremate na borda da pantufa. Essa ajuda foi bastante importante para que fosse possível terminá-las. A Ma também veio aprender e, com toda a paciência, caprichou em cada pontinho, demonstrando facilidade, uma vez que já tinha algum conhecimento anterior. Perguntei sobre a Lu e as crianças responderam que ela havia faltado. Achei uma pena, pois foi ela quem confeccionou e me presenteou na aula anterior, o ursinho "Tiquinho".

Noto que as crianças procuram o tempo todo por respostas e questionam bastante. Assim que elas entendem o contexto, ficam mais tranquilas e amáveis. Creio que não devemos deixá-las sem respostas, mas estimulá-las propondo novos desafios.

De repente, chegou o Gi dizendo que queria aprender também. Mesmo estando no final da aula, expliquei-lhe o passo a passo, pois senti que ele queria um pouco de atenção. Sem que ninguém tocasse no assunto, ele começou a dizer: *Não gosto de ficar sozinho na escola, minha mãe não pode vir me buscar mais cedo nem a minha avó e eu fico aqui sozinho....* Fiquei preocupada e procurei dar-lhe atenção, pois pela maneira como ele se expressava, parecia ressentido e triste. Conversamos por um tempo enquanto fazíamos a pantufa. Como não seria possível terminar em tempo caso ele fizesse sozinho, e como sabia do seu desejo de levar a pantufa para casa, não hesitei em ajudá-lo na montagem. Naquele momento, muito mais do que a pantufa em si, eu queria é que ele ficasse bem e que fosse capaz de conversar sobre aquilo que o incomodava. Ele pareceu bem mais leve, terminou a pantufa, parecia feliz e calçou-a orgulhoso, dizendo que ia mostrá-la para a mamãe. Lá fora já estava escuro e, enquanto cuidávamos da limpeza, conversei com a educadora sobre Gi. Nada tão preocupante, mas tenho notado que ele procura vir fazer as atividades depois que as outras crianças já as estão concluindo. Talvez para ter um pouco mais de atenção, ou mesmo para não ficar sozinho na escola por um tempo maior. Falei também com a Cri sobre a ideia de ligar os pontos da costura dessa aula com a vestimenta japonesa e talvez trabalhar com as crianças, na aula seguinte, um origami do *quimono* japonês.

Na saída, encontrei a mamãe do Gi e expliquei-lhe por alto o que tinha observado, dizendo que a educadora conversaria melhor com ela. Desde o início das minhas atividades, vejo a mamãe do Gi como uma pessoa bastante calma e interessada no desenvolvimento do filho, nos tantos momentos de carinho que pude perceber em seus gestos. Imagino o seu enorme esforço para que Gi não se sentisse triste nem um minuto sequer. Entendi depois sua luta quando soube que ela saía do trabalho correndo para conseguir chegar no horário de saída, mas, com a complexidade do trânsito de uma cidade grande como São Paulo, isso dificilmente era possível, e ela perdera o marido recentemente. Fiquei pensando sobre a história de vida de cada criança que passa por nós e sobre quanto nos temos dedicado a tentar entender seus sentimentos...

As crianças, os mestres e as pantufas

As crianças, em geral, adquirem confiança no mestre, desde que percebam que ele se esforça para entender a sua linguagem. Portanto, acredito que o olhar atento do mestre deverá estar em constante sintonia com os sinais das crianças para que haja o êxito da sua missão. Percebo que, muitas vezes, é necessário desacelerar o andamento da atividade, em função de acontecimentos que requerem outro tipo de atenção. As crianças mostram interesse não apenas pela atividade em si, mas também pela performance daquele que tenta explicá-la.

A questão da afetividade é bastante importante para que ocorra o envolvimento das crianças, porém, essa dosagem deve ser equilibrada, possibilitando um diálogo saudável. Apesar da alegria ao calçar as pantufas e levá-las para casa, não foi possível que as crianças menores aprendessem de maneira significativa o processo de montagem, pois o trabalho com linha e agulha é uma atividade que exige certa habilidade motora específica. As crianças menores, em alguns momentos, se sentiram desestimuladas, indo brincar, enquanto a explicação se voltava para as crianças maiores e essa incapacidade de mantê-las atentas deixou certo ar de frustração no mestre.

Mas, no final da atividade, todas fizeram questão de exibir suas pantufas. Apesar de a aula ter sido aparentemente bastante produtiva, creio que conseguiu atingir apenas em parte os objetivos propostos. As crianças menores necessitariam da atenção de outros monitores para que houvesse um êxito maior. Um dos pontos positivos notados foi a elevação da autoestima nas crianças que haviam participado da atividade, percebida pela elevação de voz de cada uma, dizendo, orgulhosas, para quem vinha buscá-las na saída, que elas próprias haviam confeccionado as pantufas, dando a entender que ninguém duvidasse de suas capacidades. Foi muito bom ter estado com elas!

5ª Aula – o Quimono (marcador de página)
24 de Julho de 2003

Seria apenas um marcador de página?

Dando continuidade à temática trabalhada na aula anterior, nesta se procurou apresentar às crianças algumas noções sobre o *quimono* e suas características principais dentro da vestimenta japonesa. Para que a criança pudesse participar de maneira interativa na busca do conhecimento, a ideia trabalhada foi a confecção de alguns marcadores de página em origami, tendo como tema uma boneca japonesa vestindo um *quimono*.

O objetivo desta aula foi apresentar às crianças o *quimono* (vestimenta japonesa), confeccionando um marcador de página feito em origami.

Quantas palavras diferentes!

Quando cheguei à escola, as crianças estavam sentadas nas cadeirinhas da sala maior, fazendo algumas atividades de escrita e desenho e conversando alegremente. Alguns mestres estavam sentados ao lado delas e pude reparar que eles observavam atentos. Logo que cheguei na entrada da sala, recebi os cumprimentos calorosos das crianças e fiquei muito feliz. A Ju levantou-se e veio me abraçar perguntando qual seria a atividade daquele dia. Então, retirei da minha sacola alguns marcadores de página em formato de bonequinhas japonesas e elas correram para ver mais de perto.

– *Eu quero fazer isso!*

Com esta frase, senti-me motivada e achei que as crianças iriam gostar da atividade. Minha ideia era inserir alguns conceitos da vestimenta japonesa, como, por exemplo, *quimono* (túnica), *obi* (faixa amarrada na cintura), *katsurá* (peruca) etc., conforme fôssemos desenvolvendo a aula de maneira lúdica. Assim, eu contaria para as crianças que existem as singularidades que envolvem diferenças culturais analisando alguns contextos. Entretanto, fui informada de que aconteceria uma reunião naquela tarde com os mestres e as educadoras. Assim, uma das educadoras solicitou gentilmente que eu participasse da reunião e iniciasse a minha aula logo após. Concordei e, como percebi que as crianças tinham gostado dos marcadores de página, disse-lhes que elas poderiam ficar com as amostras porque depois faríamos outras. Os mestres subiram para a sala de reuniões e as crianças continuaram onde estavam, exceto o Gi e o Lu, que também quiseram subir para ouvir, por certo tempo, o que estava sendo discutido. A reunião dos mestres foi até as 16h30 e, ao descer, percebi que as crianças brincavam no lado de fora da casa, próximo às árvores.

Parece difícil...

Algumas crianças brincavam com o educador Lu, que lhes contava uma historinha. Como percebi que as esteiras estavam esticadas embaixo das jabuticabeiras, achei que ali seria um bom local para começar a dobradura dos marcadores de página em forma de bonequinha japonesa. Enquanto dispunha os materiais sobre a esteira, aproximaram-se a Ju, a Fa, a Ma e um garotinho louro (cujo nome não me recordo). A Ma somente observou e logo se retirou, indo brincar dentro da casa. A Ju e o garotinho louro ficaram empolgados e queriam começar logo.

Retirei os pequenos moldes da boneca japonesa que trouxera recortados de casa, e eles logo queriam passar a cola *prit* (que parecia muito mais divertida de manusear).

Por estarmos trabalhando com peças pequenas e levando-se em conta a complexidade no domínio da coordenação motora fina (em desenvolvimento), acredito que, de certa forma, essas complexidades não permitiram total desenvoltura nesta atividade. No entanto, com ajuda e paciência, elas se mostraram interessadas em concluir a tarefa. O garotinho louro passava cola *prit* em todas as coisas que encontrava e, apesar de acompanhar o passo a passo com o olhar fixo, não parecia entender o processo. A todo instante ele perguntava: *Você dá isso para mim?* segurando a cola com força. Quando eu respondia que sim, ele sorria feliz, mas seus olhos mostravam certa sensação de desatenção, talvez pelo cansaço do final do dia. Quando conseguimos terminar, ele parecia bastante orgulhoso, mas saiu correndo para brincar, esquecendo a cola e a sua pequena produção. Ju, ao contrário, mostrava-se radiante para sua mamãe (que se aproximava), dizendo que gostaria de presenteá-la com os marcadores de página, porém, na verdade, seriam para enfeitar o quarto.

A educadora Hel aproximou-se e demonstrou vontade de aprender. Expliquei-lhe as etapas e ela conseguiu realizar a atividade com muito capricho. A Fa, que havia saído para brincar, voltou dizendo que também queria fazer seu marcador de página, mas não queria a bonequinha com o traje do quimono; então lhe perguntei qual seria o traje desejado, e ela respondeu que seria um vestido de festa bem bonito. Conforme fomos dobrando, surgiu um vestido criado naquele momento e que a deixou imensamente feliz. Como já estava escurecendo, fizemos a arrumação do local e cumprimentamos as mamães que vinham buscar os seus filhos. A mãe da Ma apresentou-se dizendo que estava muito contente com as atividades de quinta-feira e gostaria de saber onde poderia encontrar o material da aula anterior, pois ela desejava fazer as pantufas em casa. Fiquei imensamente agradecida com essa repercussão e respondi-lhe que havia encaminhado a lista de material para a educadora

Cri, contendo os moldes, os endereços, e, assim que pudesse, ela forneceria os dados para as demais pessoas interessadas. A mãe da Fa também comentou que estava contente com as atividades da filha. Que bom!

Reflexões

As crianças, quando estão cansadas, no final do dia, não apresentam o mesmo rendimento do período vespertino. Por mais óbvio que possa parecer isso, foi um dos motivos que contribuíram para a baixa adesão nesta aula. Refletindo sobre os objetivos, creio que não foi possível atingir satisfatoriamente a proposta inicial quanto à introdução de alguns elementos da cultura japonesa ligados à vestimenta.

As crianças, que à tarde pareciam animadas, agora pareciam perceber o grau de desafio e a complexidade para execução em tão curto tempo. O tema proposto não causou o impacto imaginado, podendo ser analisado sob alguns pontos: a não familiarização cultural; a inadequação à capacidade de coordenação motora fina; a falta de tempo para o desenvolvimento adequado da atividade.

Em geral, as crianças sentem o desejo de produzir algo para presentear os seus familiares. Na atividade deste dia (e de outros), isso ficou bastante claro, quando tanto a Ju quanto o garotinho louro repetiam várias vezes que gostariam de presentear seus pais com suas produções. Ainda enfatizando a obviedade, a família é base de extrema importância para a formação da criança. Apesar de me sentir feliz com a recepção calorosa das crianças, ainda fico preocupada se estou agindo de maneira correta ou não. Será que essa afinidade com a pessoa do mestre é equivalente à qualidade das aulas por ele compartilhadas?

6ª Aula – Presente para o papai
7 de Agosto de 2003

Caixas vazias de fita cassete?

Tendo em vista a chegada do Dia dos Pais (10 de Agosto), foi dado enfoque à elaboração da temática por meio de uma atividade que possibilitasse trabalhar esse contexto em desenvolvimento com as crianças. Pela manipulação de diferentes materiais e movidas pela curiosidade, as crianças trabalharam o conteúdo proposto de maneira lúdica e interativa. Foram utilizadas cola autorrelevo colorida e caixas vazias de fita-cassete. Esta aula teve como objetivo trabalhar a coordenação motora e a criatividade, procurando valorizar as questões que envolvem a subjetividade. Neste caso, o tema pautou-se pela data comemorativa do Dia dos Pais. Caso o tempo não fosse exíguo, pretendia-se elaborar um tipo de embrulho feito em origami, mas isso acabou não acontecendo.

Um dia de muita energia!!

Desde que iniciamos este módulo, esta aula foi a que obteve o maior número de adesões. Talvez devido ao tempo chuvoso (as crianças acabavam por dividir o espaço entre a parte interna da casa e a biblioteca) ou porque, de fato, se sentiram atraídas pela atividade. De qualquer maneira, fui surpreendida pelo enorme interesse geral. Desde que cheguei à escola, notei uma empolgação aparente nas crianças, que gritavam, corriam e pareciam muito mais agitadas que de costume. Deduzi que talvez fosse devido ao início das atividades do segundo semestre, pois muitas crianças haviam viajado e não se encontraram durante as férias do mês de julho.

Assim que alcancei a entrada, pude sentir o calor do abraço de várias crianças que pularam para me abraçar: Ma, Gi, Ju, Lu, Vi, Fa, Du e outras, com quem acredito ter conseguido construir algum laço de afetividade, e a recíproca também é verdadeira.

Algumas crianças corriam animadamente por entre os cômodos, sinalizando que aquele seria um dia de muita energia.

Após cumprimentar os educadores Lí, Ma e Lu, fui arrastada carinhosamente pelas crianças até a mesa de refeições, local que elas escolheram para iniciarmos nossa atividade. Perguntei se não haveria problemas com o horário do lanche da tarde, mas, antes que alguém respondesse, as crianças demonstraram o desejo de que gostariam que fosse ali. Enquanto me preparava para colocar os materiais na mesa, foram surgindo várias crianças e o espaço parecia tornar-se pequeno para comportar todos. Fiquei preocupada com a quantidade de material, que poderia não ser suficiente. Normalmente, o número de crianças costumava ser menor. Entre os apertos nas cadeiras e a vontade de começar logo, iam-se agrupando e, assim, fui explicando a atividade e distribuindo os materiais. Estavam sentados: Ma, Lu, Fe, Vi, Man, Gi, Cri, Ju, Fa e outros dois garotos cujos nomes não me recordo. A Lu chegou próximo à mesa e apenas ficou observando; perguntei se gostaria de fazer a atividade e ela respondeu, pensativa: *"talvez depois"*.

Preparação do presente para o papai

As crianças iniciaram a atividade colocando um desenho embaixo da caixa de acrílico (servindo como modelo), mas deixei claro que, se pudessem, seria melhor fazerem o desenho de livre escolha. Algumas ficam inibidas porque carregam certos preconceitos por acreditarem não saber desenhar. A fim de desconstruir essas ideias preconceituosas e que fragilizam a criança, pensei em trabalhar com os suportes, porém deixando-as livres para que pudessem escolher a melhor maneira. Utilizamos a cola colorida autorrelevo, que contém algumas cartelas de desenhos que as crianças puderam escolher. Como o número de interessados era grande e nem todos estavam com paciência para esperar as explicações, alguns acabaram pintando as cartelas, ao invés da caixa de fita. Foi um tanto difícil orientar todos o tempo todo, embora tenha sido muito divertido.

Como este processo precisaria de certo tempo para a secagem, levei o meu secador de cabelos, que fez bastante sucesso, tanto entre os meninos quanto com as meninas. Como sempre, a Ju foi a mais empolgada em querer mexer no aparelho. Alguns meninos chegavam a puxá-lo das mãos uns dos outros, para também ter a oportunidade de segurar o secador. Não sei exatamente se era vontade de conhecer um aparelho não tão comum aos meninos, ou se era o desejo de realmente secar logo sua peça, ou as duas coisas. As pontas das colas têm o formato de uma caneta *hidrocor* grossa, que resseca se o tubo ficar algum tempo aberto. Alguns meninos chegaram a desperdiçar muito material, despejando quase todo o tubo sobre as cartelas. Foi um fato isolado diante de tantos pontos positivos. Mas, apesar de ser motivador estarmos com a mesa lotada de crianças, foi bastante corrido atender a todas as solicitações.

Levei para as crianças um pacote de balas japonesas, que tinha muitas coisas escritas na embalagem. Perguntei se queriam as balinhas e a resposta foi sim. Consultei educadora Ma, e ela respondeu que eu poderia fazer como quisesse. Combinamos que elas ganhariam uma bala antes do lanche e outra depois. Mostrei-lhes que cada balinha tinha muitos escritos em japonês e que quem quisesse poderia olhar com atenção aos detalhes, mas creio que gostaram mesmo foi da apresentação visual e não demonstraram interesse pelas letras.

Quando retomamos a atividade, percebi que as crianças tinham conseguido resultados muito interessantes nos trabalhos. Através de um modelo, elas criaram suas próprias interpretações, surgindo detalhes inovadores. Quando chegou o momento do lanche da tarde, quase todas já haviam concluído seus trabalhos. Então, fiquei com o secador ligado, tentando secá-los, para que elas pudessem levá-los para casa. Assim que todos se sentaram para tomar seus lanches, surgiu a vovó do Ra, que perguntou se essa atividade seria para o Dia dos Pais. Respondi que sim. E ela perguntou por que o Ra não a havia feito. Disse-lhe que talvez fosse porque ele não quisesse, ou porque estivesse dormindo. Ela então perguntou ao Ra se ele gostaria de fazê-la naquele momento e ele respondeu que sim. Fiquei contente, mas, como eu havia trazido somente a quantidade de peças que normalmente usávamos, não havia sobrado nenhuma. Nesse momento, alguns vidros de conserva vazios foram a solução (na verdade, acabaram não sendo utilizados para as demonstrações iniciais). O Ra pintou-os livremente, enquanto sua vovó o auxiliava segurando o pote. O trabalho não secou e foi guardado em cima da estante para que ele pudesse levá-lo no dia seguinte. Surgiu também a Lu e perguntei se ela gostaria de fazer a atividade (achamos outro pote limpo). Surgiu ainda o Fe, interessado em desenhar uma pipa. Na caixa de materiais, achamos um copinho de vidro limpo, que ele utilizou. Fe precisou de ajuda, porém, com paciência, conseguiu concluir sua pipa. Lu apenas começou a atividade e acabou cedendo sua peça para que Vi fizesse uma girafa e uma pipa igual à de Fe, de que ela havia gostado e insistia em querer fazer. Lu, às vezes, abdica de seus desejos em função da vontade de algum colega. Na atividade de hoje, senti que, no fundo, ela gostaria de ter participado, mas acabou passando sua oportunidade para Vi. Por outro lado, Vi acaba sempre querendo fazer mais peças que as outras crianças.

As crianças cobraram o restante das balinhas japonesas que fiquei de distribuir após o lanche. E, se a intenção de que elas se familiarizassem com as letras japonesas não foi bem-sucedida, por outro lado, as balas agradaram a todos pelo sabor. Ju dizia que queria as balinhas para a sua mamãe e, como avistei a El na cozinha, disse-lhe que poderia levar uma para ela. Num instante as balinhas acabaram e algumas crianças, que brincavam do lado de fora da casa e não vieram a tempo, ficaram sem elas. Este dia foi marcante, bastante feliz, embora muito cansativo pela dinamicidade e desenvoltura exigida. A mamãe da Vi ficou um tempinho conversando conosco e enfatizou a enorme confiança na escola e a satisfação com o trabalho desenvolvido na aula.

Aprendendo com as crianças

A atividade foi bastante produtiva e muito rica sob vários pontos de vista. Não apenas em relação a aprender a técnica em si. Junto do fazer, estão inúmeras outras lições, algumas inerentes ao trabalho em equipe, outras ao comportamento individual. A distribuição das balinhas japonesas, que tinha a intenção de despertar a curiosidade nas crianças sobre a escrita oriental, embora não as conquistando por este viés, pode ser observada por outros ângulos: a maioria das crianças procura organizar-se e respeitar a ordem escolhida pela maioria. As disputas são administradas pelas crianças com certa tranquilidade, e a curiosidade parece ser o polo gerador de interesse pela atividade. Na atividade de hoje, as crianças pareciam muito eufóricas, gritaram em coro para liberar energia (no horário do lanche) e pareciam inquietas durante todo o transcorrer da tarde; porém, pude observar que elas se mostravam bastante felizes.

7ª AULA – ORIGAMI – PEIXINHO NEMO
21 DE AGOSTO DE 2003

O peixinho e o fundo do mar

Como as crianças tinham ido ao cinema na semana anterior (dia 14/8) e assistiram ao filme *Procurando Nemo*, da Walt Disney Pictures, trabalhamos com o tema "o fundo do mar" e expliquei para elas a dobradura de um peixinho. *Nemo* é o nome do peixinho-palhaço, protagonista do filme, dono de algumas características especiais, tais como: uma nadadeira maior que a outra, espírito aventureiro e era filho único de um pai muito preocupado.

Como soube pela educadora Cri que o filme havia encantado as crianças, achei que esta seria uma boa oportunidade para trabalhar o tema. De fato, esta aula foi bastante positiva sob vários aspectos, relatados abaixo. O objetivo desta aula pautou-se pelo aproveitamento do evento do cinema para a abordagem do origami, contextualizado no tema a ser explorado, o fundo do mar. Uma vez despertado o interesse, a proposta seria realizar uma abordagem lúdica contando histórias, ouvindo e cantando músicas junto com as crianças.

Dentro desta abordagem, foi inserida uma apresentação de espécies de peixes e algumas criaturas marinhas (as crianças puderam visualizar ilustrações do peixe-palhaço, da anêmona, do polvo, do tubarão etc., através de imagens fotográficas do livro *Caminhos do Conhecimento*).[3]

Um dia muito especial!

Este dia ficou marcado como um dos mais receptivos que tive com as crianças. Desde o calor na chegada, até o instante em que elas perguntaram: *quando você vem de novo?* Na atividade deste dia, tudo foi bastante motivador e, por mais que seja uma postura romântica, que certamente será alvo de crítica, creio que detalhes assim fazem com que o mestre se apaixone cada vez mais pelo trabalho, tentando compartilhar com amor e alegria suas experiências. Essa troca envolve muitos fatores subjetivos, emocionais, até mais que a própria troca de técnicas em si.

Quando cheguei ao portão, havia uma moça aguardando ser atendida. Ela me disse que tinha interesse em conhecer a escola. Ao entrarmos, várias crianças correram para me abraçar e fomos todos andando pelo corredor lateral. Levamos a moça até as educadoras, que estavam em frente à biblioteca, onde a maioria das crianças brincava, e Vi trocava de roupas. Assim que me viu, Vi correu para um abraço carinhoso e as outras crianças também se aproximaram empolgadas, perguntando o que iríamos fazer como atividade. Foi possível notar que a moça

---

[3] *Caminhos do conhecimento, um guia para a juventude.* V. III, São Paulo: Melhoramentos, 1992, pp. 33-38.

ficou surpresa com a maneira calorosa com que as crianças se expressavam e admirada pela espontaneidade manifestada.

Após cumprimentar as educadoras, apresentei-a para a Li e entramos na escola pela porta dos fundos. A enorme animação fez com que escolhêssemos como local para a atividade a primeira mesa encontrada no caminho, aquela que fica logo na entrada, sustentada por cavaletes, perto da cozinha. Como a mesa é muito alta, acomodamo-nos no chão. Fomos retirando os materiais e, ao mesmo tempo, perguntei o que elas haviam achado do filme *Procurando Nemo*. Todas queriam falar ao mesmo tempo, porém me recordo de que Gi, Vi, Ma e Cri eram os mais empolgados. Nesse instante, Ju aparece e me dá um abraço. Ela estava curiosa sobre a atividade, mas parecia um tanto diferente no transcorrer da aula: mais calada e, por vezes, meio pensativa (não sei se foi mera impressão minha). Várias vezes, perguntei-lhe se estava tudo bem, e ela nada respondia.

Em meio ao agito, percebi a presença de uma fotógrafa e de uma jornalista, que procuravam algum detalhe que chamasse a atenção como matéria para alguma publicação. As crianças parecem conviver normalmente com essas situações de exposição e agiam naturalmente. Alguns dias antes, a educadora Li me avisara sobre a visita delas, mas eu me esquecera. A correria foi tão grande, que nem conseguimos conversar direito. E com o meu receio de falar alguma bobagem, tudo ficou pior, tirando o ar de naturalidade desse enfrentamento. Tenho certeza de que pouco contribuí com a matéria do "Caderno Mais" do jornal *Folha de S. Paulo*. As crianças, pelo contrário, estavam muito mais preparadas e naturais diante da situação. Combinamos (a jornalista e eu) de nos comunicar por telefone marcando outra entrevista, porém acho que ela desistiu diante da minha performance sofrível. Sem apelar para a demagogia, acredito que as crianças que vivenciam com naturalidade a questão da autonomia possivelmente serão adultos mais seguros e poderão administrar com tranquilidade as complexidades de uma vida dinâmica.

Preparação do origami de peixinho

As crianças procuravam, curiosas, construir sua parte no painel de E.V.A. azul que representava o nosso fundo do mar. Levei alguns adesivos de peixes e plantas marinhas para estimular o interesse delas pela atividade. Ni e Je colavam esses adesivos, enquanto Ma, Vi, Mar, Cri, Du, Gi, Ju, Fe e Lu acompanhavam o processo de dobragem do origami de peixinho. Gi encantou-se muito com um peixinho com listas brancas: percebi que ele o segurou o tempo todo, não deixando que ninguém mais o tocasse. Logo depois, fiz sinal de que ele poderia levá-lo para casa, e ele ficou muito feliz.

Acredito que as crianças conseguiram acompanhar o passo a passo de toda a atividade, pois cada uma fez o seu peixinho. Algumas os pintaram e outras não. Je e Ni não quiseram fazer origami, mas participaram colando as figuras no painel. Quando íamos colar os peixinhos nesse painel, os dois tiveram um princípio de briga e Je, sem querer, acabou cortando seu dedo. Ele chorou e parecia muito ressentido; então, tentei demonstrar um pouco de afetividade possível naquele momento, para acalmá-lo, e levei-o para lavar as mãos e colocar um esparadrapo. Pensei na possibilidade de descontinuar aquela onda de tensão entre os dois garotos. Fomos conversando até a sala de pintura, que tem uma torneira e uma pia próxima, e ele se revelou uma criança bastante dócil e carente. Tenho percebido sua constante agressividade e seu comportamento intolerante com os colegas. Vejo uma preocupação constante das educadoras tentando acalmá-lo, contudo ele parece resistir a algum tipo de ajuda. Percebo que as crianças que carregam certo tipo de sofrimento interior costumam apresentar esse tipo de conduta e, mesmo não intencionalmente, acabam agredindo para se proteger. Fiquei bastante preocupada e com vontade de tentar ajudá-lo. A educadora Cri também ficou preocupada e foi buscar o esparadrapo *microporo* para fazermos um curativo.

A fotógrafa tirou inúmeras fotos, inclusive do momento em que colocávamos o esparadrapo, e, percebendo tanta ênfase, as crianças perguntaram se não ia abafar o dedo do Je. Respondi--lhes que o microporo deixa a pele respirar, devido aos inúmeros furinhos, e elas ficaram mais tranquilas. Existe um clima de solidariedade espontânea entre as crianças: mesmo que Je algumas vezes seja agressivo, elas demonstram preocupação com seu bem-estar. Nas pequenas atitudes das crianças, vejo quanto elas nos ensinam inúmeros valores. Continuamos a dobrar os nossos peixinhos enquanto elas contavam os detalhes do filme. O pequeno Fe gostou muito da ideia e não parava de falar: *Nemo, Nemo!!* Abri o livro *Caminhos do Conhecimento* e a *Revista Geográfica Universal*[4] e fui mostrando as várias figuras dos peixes. Ma ficou muito interessado e avistou de longe um tubarão-baleia; Ju estava curiosa sobre as formas do peixe-leão e fizemos uma analogia com as nadadeiras do personagem *Nemo*. Gi brincava com o fantoche de baleia (doado para a escola) e conversava com todos, imitando-a.

Para possibilitar que as crianças consigam fazer o origami com os seus pais, tirei algumas cópias do processo de dobragem e deixei-as com a secretária, para serem repassadas às mamães. O pequeno Ra apareceu por um momento e deu um sorriso, não sei se ele estranhou a agitação, mas não quis ficar para aprender. Depois dos peixinhos montados, colamos os olhinhos. Construímos o painel e cada um colou seus peixinhos onde sentiu vontade. O painel ficou multicolorido e o penduramos no lugar escolhido pelas crianças.

Cada vez mais, observo a importância das cores na personalidade das pessoas. A exemplo disso, Ma procura sempre escolher as cores escuras. Seu peixinho foi o único de cor preta. Como procuramos respeitar os gostos e os interesses de cada um, tento prestar atenção, talvez possa vir a auxiliá-lo adiante.

Depois que os ânimos se acalmaram e as crianças concluíram a atividade, elas foram brincar no quintal. No entanto, Ni, Ma, Ju e Vi voltaram (agora na mesa de refeições limpa)

---

[4] *Revista Geográfica Universal*. Bloch Editores, julho 1998. pp. 22–33.

e quiseram continuar fazendo outros peixinhos. Ni começou a recriar tipos peculiares de dobraduras que batizamos de raias. Eles pareciam muito contentes com o fazer e transmitiam uma disposição incomum nesta aula. Pedi para que a Cri fizesse o favor de fotografar as crianças e comentei sobre um tipo de atividade que pode ser elaborada para o Dia das Crianças (12 de outubro), fazendo uso das imagens xerocadas e pintadas com lápis de cor por elas mesmas. A educadora disse que já viu esse tipo de atividade, que de fato parece muito positivo para as crianças. Foi um dia muito intenso e com nível de aproveitamento bastante significativo. Posso definir esta aula como uma das mais produtivas e com envolvimento muito grande das crianças.

Uma questão de olhar...

Acredito que, quando as crianças se mostram constantemente agressivas, elas denunciam um sinal de que algo está difícil, fazendo-as sofrer. O mestre, atento aos sinais, deve observar com afetividade, procurando auxiliar a criança na recuperação de sua autoestima, tentando encontrar o ponto nevrálgico em questão. Conforme os estudiosos das cores, o fato de a criança escolher cores escuras e frias tem grande representatividade. Talvez seja pertinente uma pesquisa que pontue essas questões, em busca de auxiliar algumas crianças nesse contexto. A competitividade organizada por elas próprias se apresenta como algo bastante saudável para o aprendizado e o convívio em grupo. Existe respeito para com o próximo nessa aprendizagem e, quando as regras são quebradas, muitas crianças demonstram solidariedade para com aquele que é prejudicado. Quando o clima é de alegria e descontração, percebe-se que elas têm maior facilidade no aprendizado.

8ª Aula – Origami de flores (jogo americano)
28 de Agosto de 2003

Que flor difícil!

Como as crianças gostam de produzir algo para levar para casa, pensei na elaboração de um jogo americano personalizado, em que elas pudessem fazer as inscrições desejadas e trabalhar com o origami de flores para enfeitar da maneira como quisessem, tendo em vista a aproximação da primavera.

Esta atividade objetivou despertar o interesse das crianças por alguns tipos de flores da primavera do Brasil e alguns tipos do Japão, tendo como princípio trabalhar um enfoque lúdico. No entanto, a dobragem do origami de flor mostrou-se bastante complexa, sinalizando que, para as crianças pequenas, a dificuldade foi maior. Como o interesse foi reduzido, não cheguei a trabalhar os tipos de flores a partir de ilustrações do livro *Japonisme*,[5] pp. 41, 86, 87, 88, 89, 92, 93, 125, 127 etc.

Só vem quem quer aprender...

Este dia de inverno e bastante frio ficou marcado. No momento da chegada, pude sentir o vento gelado a cortar o meu rosto. O educador Lu abriu o portão e, após cumprimentá-lo, fui caminhando pela rampa, quando, pouco a pouco, surgiram as crianças que, com alegria, vieram me abraçar. Quem chegou primeiro foi a Cri, a Du, o Re e a Ma (que apresentou sua prima visitante na escola). A mamãe da Ma estava de saída, cumprimentou-me e saiu. Ao entrar na escola, pude perceber que muitos meninos e meninas brincavam na sala maior. Surgiu a Lu, que fez um aceno e voltou a brincar. Ao caminhar em direção à cozinha, apareceram a Vi (que deu um grito de euforia e me abraçou), Ju, Ma, a sra. Ma, Li, Ma e El. A Ju me puxou para a cozinha, dizendo que sua mãe havia feito um bolo e eu precisava comê-lo. Percebendo a importância do fato e o

---

[5] WICHMANN, Siegfried. *Japonisme*. Thames & Hudson, 1999.

bolo de chocolate com morango tão caprichado, perguntei se era aniversário de alguém. El disse que a outra He estava se despedindo e que o bolo era em sua homenagem. Comi um pedaço do bolo que estava muito gostoso e, em seguida, abracei a He me despedindo dela. As crianças surgiram e me puxaram pelo braço até a mesinha redonda (de refeições), dizendo que queriam começar logo, e o Re foi quem escolheu o local para trabalharmos. Ao lembrar a alegria inicial e a expectativa com que elas ansiosamente esperavam realizar a atividade, sinto-me bastante frustrada, porque acho que não consegui atender às expectativas delas nesta atividade. Esta se mostrou um tanto difícil para alguns, o que me fez sentir culpada por oferecer este tipo de origami para as crianças. O que me consola é a liberdade que as crianças têm ao escolher, fazendo com que somente os verdadeiros interessados participem. A mesa estava cercada de crianças pequenas: Vi, Cri, Ma, Re, Fe, Ju e Du. Todas estavam eufóricas e queriam atenção ao mesmo tempo. Como imaginei que seria uma atividade fácil, uma vez que, na aula anterior (do peixinho Nemo), elas haviam conseguido realizá-la sem dificuldade, fui surpreendida desta vez, porque a maioria achou a atividade difícil e logo saíram para brincar. A sra. Ma veio me ajudar e também a considerou um pouco difícil. Logo em seguida surgiu a educadora Cri, que também acompanhou o processo. Durante algum tempo, muitas crianças entravam e saíam, até que conseguimos fazer as flores. Neste dia, a Ju estava muito enciumada, dizendo que ninguém queria fazer a atividade com ela. Ju tem apenas quatro anos e não conseguia entender a dificuldade que os adultos estavam tendo na divisão de atenção entre todos. E, para chamar a atenção, algumas vezes, ela gritava e comportava-se de maneira agressiva. Entretanto, depois que tudo passava, tornava-se novamente uma criança amorosa e falante.

Preparação do jogo americano com flores

Iniciamos pela dobragem do origami de flor e, em seguida, partimos para a produção do jogo americano em placas de

E.V.A. de 30x40cm. Comecei fazendo as dobras e elas foram acompanhando o processo. A todo instante, havia interrupção das crianças por algum motivo. Logo senti que elas tinham dificuldade em acompanhar, mas também parecia que procuravam vencer o desafio.

Algumas crianças abandonaram a atividade logo na primeira dificuldade e foram brincar, outras voltaram mais tarde para continuar e demonstraram satisfação ao conseguir finalizá--la. Algumas apenas observaram, sem nem sequer tentar realizar a atividade.

Depois de certo tempo, surgiu a Lu, dizendo que gostaria de aprender. Ela conseguiu fazer a tarefa sem dificuldade, talvez por ser um pouco maior que as outras crianças: tem seis anos e certo grau de amadurecimento facilmente reconhecível pelo seu jeito de ser. Lu personalizou um jogo americano, fazendo desenhos que lembravam corações, escrevendo seu nome no centro e formando uma composição esteticamente agradável. Gi e Ni também vieram depois que a maioria já havia saído. Gi também não teve tanta dificuldade, foi seguindo cada etapa ao meu lado. Ele colou suas flores no E.V.A. (escolhendo a cor vermelha). Ni também conseguiu fazer as flores. Ele saiu por um instante e trouxe um bloco de madeira que enfeitou, colando papéis de origami nas cores amarelo e laranja e as flores na parte de cima do bloco. Ficou muito interessante: não pude deixar de incentivá-lo em sua criação, e ele ficou muito feliz. Nesta aula, algumas crianças que quase não se mostravam interessadas tiveram uma aproximação bastante relevante: o Fe e o Ni. A Vi escreveu seu nome com letras *garrafais* no centro de sua peça e colou várias flores ao redor; tranquila, assim que terminou, correu para guardar sua produção para levar para casa. Ju estava de mau humor mas, quando sua mãe pediu que escrevesse seu nome na peça, ela se esforçou para mostrar que já estava conseguindo fazê-lo. Eram inscrições espontâneas em que se identificavam somente as letras: J e A. Mesmo quando nós (El, Cri e eu) ficávamos a seu lado, animando-a, ela não escondia que estava zangada, parecendo que gostaria de ter tido mais atenção. Com o aumento na adesão das outras crianças

AÇÃO E PERCEPÇÃO NOS PROCESSOS EDUCACIONAIS 117

às atividades, o mestre acaba dividindo-se mais e não consegue dar uma atenção mais específica para cada um.

Quando já estávamos finalizando as atividades, Vi me presenteou com uma barra de madeira (pintada por ela) e um tipo de celular feito em papel branco, que guardei perto da janela e me esqueci de pegar na saída. Ma voltou e queria fazer outras flores. No fundo, pareceu-me que ele queria fazer a mesma coisa que Ni e Gi e utilizar a cola da mesma maneira que ambos. Ele colocou tanta cola na tampa de um recipiente, que acabou se tornando um desperdício (pois utilizou muito pouco). Apesar de nem todas conseguirem fazer o origami no início, pelo menos na parte final da aula, as crianças que o fizeram pareciam satisfeitas com o resultado obtido.

Impaciência, desistência, persistência...

Uma das questões que me causam inquietação no papel de mestre diz respeito à impaciência observada em algumas crianças em alguns momentos da atividade. Refletindo sobre essa questão, o que fazer? Muitas vezes, sinto que as crianças são tomadas pelo impulso de largar rapidamente o que lhes parece difícil, desistindo com facilidade, sem tentar com um pouco mais de persistência. Isso não poderia se tornar prejudicial para sua formação futura? Embora a liberdade seja um fator de extrema importância para as crianças, até que ponto, ao orientá-las, corremos o risco de nos tornarmos tiranos? São algumas dúvidas que afloraram. Contudo, não se encontra a resposta pronta como uma receita médica, cada caso é um caso, cada situação é diferente e cada criança é singular.

Analisando o contexto deste dia enquanto mestre, numa visão autocrítica, creio que não fui capaz de sustentar as expectativas das crianças e sinto que o sucesso desta atividade foi apenas parcialmente cumprido. No entanto, isto aponta para uma nova busca, uma busca constante através do olhar clínico, sempre em processo e trocando afetividades. Aprendendo dia a dia com as experiências de cada um. Este foi um dia de muita reflexão!

9ª AULA – CONHECENDO O HIRAGANA
11 DE SETEMBRO DE 2003

Brincando com letras diferentes

Quando o término deste projeto se aproximava, pensei em trabalhar uma rápida introdução ao sistema de escrita japonesa, para que as crianças se familiarizassem com as letras básicas, o *Hiragana*. Trabalhando sem imposição, num princípio de visualização das letras, as crianças poderiam se divertir e memorizar palavras diferentes de seu cotidiano, sem que isso se tornasse tão complicado.

Por meio da brincadeira de "esconde-esconde", as crianças puderam trabalhar linguagens corporais, coordenação motora, gestualidade e liberdade de expressão, desenvolvendo várias outras habilidades. A ideia era transformar a aula numa alegre tarde de descobertas e de atividade prazerosa. O principal foco desta aula foi a familiarização com o *Hiragana*, um dos sistemas de escrita japonesa, possibilitando que as crianças conhecessem visualmente as letras básicas e introduzindo algumas analogias sem, no entanto, a ambição de que elas consigam uma identificação aguçada num primeiro momento. Conforme proposto, acredito que esta aula conseguiu cumprir a meta inicial, despertando inúmeras curiosidades e percepções nas crianças.

Esconde-esconde

No portão da escola encontrei-me com a Ju e sua mamãe El, que também acabavam de chegar. Pude sentir a afetuosa manifestação de euforia com que Ju me recebeu. Ela festejou dando um salto para que eu a carregasse. Juntas, entramos na escola e, num instante, já estávamos cercadas pelas crianças, que gritavam ao mesmo tempo, querendo saber qual atividade seria oferecida.

Encontramos a Sra. Ma na sala de refeições e ela, gentilmente, auxiliou-me a organizar as crianças antes de começarmos a atividade. A educadora Cri também passou correndo, dizendo que iria ao prédio externo e logo retornaria para ajudar-nos nas brincadeiras.

Enquanto tentava explicar como seria a atividade, fiquei agarrada às cartelas coloridas (em papel cartão fosforescente), para não estragar a brincadeira, pois as crianças já estavam impacientes para começar. Por iniciativa delas, fomos procurar a Cri na secretaria. Assim que a Cri desceu, perguntamos para as crianças se elas gostariam de brincar de "esconde-esconde" dentro ou fora da casa. A resposta foi uníssona: fora.

Todas as crianças que quiseram participar da brincadeira entraram na casa e ficaram sob os cuidados da sra. Ma e da El, enquanto eu, a Cri e o Jo escondíamos as cartas do lado de fora, distribuindo adequadamente para que mesmo as crianças pequenas não tivessem dificuldades em alcançá-las.

Foi uma atividade muito divertida!

Preparação da brincadeira com o Hiragana

O *Hiragana* é a forma básica e mais simples da escrita japonesa. Cada cartela continha um caractere do abecedário, que foi ampliado, recortado e colado em cartelas coloridas e bem chamativas. Em cada cartela, estava grudado um chocolate Bis e as crianças poderiam procurá-las à vontade dentro do espaço externo da casa. Espalhamos por vários lugares e, depois de certo tempo, foi dado o *start*.

Logicamente, as crianças maiores tiveram facilidade em encontrar as cartelas, e algumas menores nada encontraram. A sra. Ma mostrou-se preocupada, mas respondi-lhe que havia trazido uma caixa reserva de chocolate Bis, justamente para não excluir ninguém. Lu foi quem mais se destacou, encontrou inúmeras cartelas e dividiu-as depois com os colegas; Gi encontrou algumas, Ni e Ma também. Percebi que as crianças gostaram desta brincadeira, embora uma atividade bastante rápida, e, mesmo as crianças menores que nada acharam, pareciam não se importar tanto com a disputa e sim com o fato de terem conseguido participar com o grupo. Lembro-me de que estavam presentes: Ra, Lu, Ma, Ju, Gi, Ni, Mar, Re, Fa, Fe, Fe pequeno, Cri e Du. Após comerem os chocolates, pedi para que cada um escolhesse uma cartela e as fixamos com fita crepe nas crianças que queriam brincar. Lu e Ma logo desistiram, pois ficaram sabendo que a atividade era de corrida; disseram não gostar de corrida. Ni também não se interessou. Fa, An, Gi, Ju e Re foram os mais animados nesta atividade, além de outras crianças menores.

Cada participante da corrida ganhou um nome simbólico, conforme a letra que carregava. O Gi, por exemplo, foi chamado de "Sr. To", a Fa foi a "sra. U", a Ju foi a "sra. O" e assim sucessivamente. Na verdade, a brincadeira seria um revezamento: cada participante daria uma volta ao redor da casa e, quando chegasse, tocaria o amigo escolhido, e este sairia correndo também. Contudo, minha explicação não foi adequada e as crianças não entenderam; assim, todas correram juntas, transformando-se em uma divertida maratona. Logo que chegaram ao ponto inicial, deram mais uma volta e pareciam bem dispostas. Assim foi, deixamos que a própria dinâmica seguisse seu curso.

Distribui algumas flores feitas em origami e os chocolates bis. Falei-lhes que logo a primavera chegaria e que fazíamos uma homenagem a ela. Elas estavam nitidamente felizes, embaladas pelo ritmo da atividade. A cota de Bis que imaginei para cada um não deveria passar de três unidades, porque elas ainda tomariam o lanche da tarde. Mas admito que, para algumas crianças mais espertas, acabou passando de quatro.

Depois da corrida, tentamos juntar as cartelas e fixá-las na parede da sala maior. A sugestão foi não seguir a ordem alfabética, embora a sra. Ma tivesse dito que em ordem alfabética seria muito mais fácil para as crianças memorizarem. Não adotei a ordem porque algumas das crianças não estavam alfabetizadas em português e talvez isso pudesse confundi-las mais tarde. Com a ajuda do Jo, fomos grudando as letras conforme as crianças as selecionavam e entregavam a ele ou conforme a combinação de cores agradava na montagem do painel. Algumas crianças se mostraram interessadas em identificar e memorizar as letras: Ni, Gi e Ju. Ni até rabiscou alguma coisa na lousa e parecia ter certa facilidade em memorização. Fa ficava perto, mas nesse dia me pareceu carente: ela pedia para eu tomar conta dos seus dois cavalos e fazia questão de dizer que eram: "cavalo e cavala".

Ao terminarmos o painel com todas as letras, formou-se uma colcha enorme e colorida, que ficou ali por vários dias, conforme o interesse das crianças.

A maioria das crianças parece segura ao apontar aquilo que deseja ou não fazer; desde as mais tímidas às mais desenvoltas, parecem conviver de forma rotineira com a questão da escolha. Algumas mais velhas demonstram solidariedade para com as menores e prestam atenção aos sentimentos alheios. As menores, embora disputassem seus espaços, não ficaram zangadas quando não conseguiram vencer, apenas lamentaram. Acredito que o sentimento de respeito que sentem convivendo diariamente com pessoas que as respeitam é um dos fatores transformadores em crianças seguras e felizes.

Enquanto momento de familiarização com a escrita básica japonesa, creio que esta atividade atingiu seu objetivo.

Aprendendo com as crianças

10ª AULA – CHOCOLATE
18 DE SETEMBRO DE 2003

OBA! *Chocolate!!!*

A atividade de hoje procurou respeitar o interesse e a iniciativa de algumas crianças que queriam aprender a fazer bombom com chocolate. Isso ocorreu no momento em que víamos fotografias de atividades dos meus antigos alunos e elas viram as crianças fazendo ovos de Páscoa. Foi uma aula bastante animada em que se notou enorme dinâmica na cozinha e em suas dependências. Acredito que o objetivo proposto foi conseguido com tranquilidade, e este dia ficou marcado pela adesão total das crianças que estavam na escola no período vespertino.

Interesse geral

Pensando na possibilidade de que esta aula seria divertida, porém tumultuada, pedi auxílio para a minha filha Re, que me acompanhou e ajudou as crianças no passo a passo. Tomei certos cuidados para que as crianças acompanhassem com tranquilidade a aula, sem riscos para a segurança delas. Levei o chocolate em barras já picado e expliquei-lhes como deveriam proceder em suas casas, junto com seus papais. Para que elas não se afobassem em querer levar para casa os chocolates, fiz em casa vinte caixinhas (com sete bombons variados) para suas degustações e, assim, elas poderiam acompanhar todo o desenrolar da aula, sem preocupação.

Após o costumeiro cumprimento da chegada e os abraços calorosos, de repente, as crianças já estavam todas ao meu redor, falando alto e eufóricas, pois sabiam que a aula ia ser sobre chocolate. Elas escolheram o local para a atividade – a mesinha redonda da sala de refeições – e me ajudaram a organizar os materiais. A sra. Ma e a El estavam na cozinha acertando a despensa, e a educadora Li ajudava a organizar as crianças. Elas disputavam o espaço possível para se aproximarem do chocolate. Enquanto explicava os procedimentos para que o chocolate derretesse com maior facilidade, aproveitei a concentração de todas e fui colocando a água na panela rasa e o chocolate na panela funda, a fim de que elas entendessem o que significa "banho-maria". Num instante, a maioria das crianças foi arrastando suas cadeirinhas para a cozinha, pois queriam assistir a todo o processo e pareciam bem entusiasmadas. Como o espaço era restrito e seria perigosa a aglomeração de todos muito próximos ao fogão, afastamos as cadeirinhas e elas puderam assistir por um curto tempo.

Preparação dos bombons

Como para este momento os chocolates já estavam picados, colocamos tudo numa panela funda e, assim que a água ferveu, apagamos o fogo, colocamos a panela com o chocolate sobre a água quente e ficamos mexendo levemente, dissolvendo os pequenos grânulos que se formavam. As crianças observavam com muita atenção e pareciam vidradas nos mínimos detalhes.

Levamos a panela com o chocolate já derretido para a mesinha redonda, de modo que todos pudessem acompanhar os procedimentos. A euforia foi tão grande, que as crianças menores subiram na mesinha para ver de perto. Nesse instante, a educadora Li aproximou-se gentilmente e orientou as crianças para que descessem e, para meu espanto, elas o fizeram rapidamente.

Fomos esfriando o chocolate até atingir o ponto em que, tocando com o dedo, pudéssemos sentir que estava frio. Todos queriam experimentar; então, pinguei um pouquinho de chocolate em cada dedinho, e elas provaram com muita emoção. Re, Ma, Ra, Du e as gêmeas, Fa e Ma, todos pareciam muito interessados e não paravam de esticar seus dedinhos. O que me chamou a atenção foi que Ra esqueceu o sono da tarde e estava bem interessado. Aliás, estas últimas aulas têm despertado nele maior vontade de participar; percebo que, muitas vezes, ele avança com coragem no meio dos maiores, para não perder nenhum detalhe.

Todas as crianças puderam fazer seus bombons, colocando um pouco de chocolate no fundo das forminhas. Levei as que já estavam prontas para a geladeira e, enquanto aguardávamos alguns minutos, pedi para que a Re fosse picando o chocolate branco. Algumas crianças quiseram auxiliá-la e, como conseguiram um ralador, enquanto ralavam, comiam um pouquinho das migalhinhas que escapavam pela mesa. Parecia uma enorme festa. Depois de alguns minutos, fui buscar na geladeira as formas e, novamente, voltamos a mexer no chocolate para completar cada forminha. Nesse procedimento, fui explicando que, ao forrarmos o fundo das formas com chocolate, poderíamos rechear os bombons depois do endurecimento. Elas gostaram da ideia e rechearam os maiores com gotinhas de licor (docinhos comprados prontos). Como o desejo de burlar a "fiscalização" dos adultos e dar uma lambida no chocolate era grande, demoramos um tempinho chamando a atenção dos mais sapecas, e isso fez com que o chocolate endurecesse e ficasse difícil de manipular. Por um lado, foi até interessante que isso tivesse acontecido, pois as crianças visualizaram, *in loco*, várias etapas do processo e, com certeza, aprenderam inúmeras transformações de maneira diferente e divertida.

As crianças pareciam perceber também que, se todos tivessem trabalhado em equipe e com agilidade conjunta, não teriam deixado o chocolate endurecer, o que fez com que algumas chamassem a atenção das outras para o fato. Ao mesmo tempo em que discutiam suas responsabilidades, havia um clima de entrosamento que me surpreendeu imensamente.

A solução para o chocolate endurecido foi misturarmos o chocolate branco, que acabou enfeitando e deixando os bombons apetitosos. As crianças iam dando sugestões quanto a essa mistura, para formar padrões mais interessantes. Levamos todas as forminhas para a geladeira e algumas crianças foram, logo em seguida, brincar no quintal, pedindo para que as chamássemos assim que estivesse no ponto, enquanto outras fizeram questão de esperar bem pertinho da cozinha.

Mar era um dos afoitos para ver os bombons prontos, pois queria comê-los logo e não escondia isso de ninguém. Quando anunciei que os bombons estavam no ponto, as crianças apareceram correndo para ver como haviam ficado. A expectativa era grande. Juntaram-se ao grupo anterior: Gi, Je, Ni, Lu, Luc, Cri, Fe, Fe pequeno e An. Foi maravilhoso! Esta atividade teve um encanto especial, pois permitiu que todas as crianças participassem de uma forma ou de outra, o que me fez sentir imensamente recompensada. Como o procedimento organizou-se por si só, a aula havia acabado antes do horário costumeiro e, pela energia que as crianças demonstravam naquele momento, acredito que poderíamos ter feito muitos quilos de chocolate, sem nem sequer nos sentirmos cansados. Foi um dia bastante feliz, em que aprendi muito com as crianças!

Aprendendo com as crianças

Hoje, pude observar vários momentos de solidariedade das crianças. No momento em que alguns papais vinham buscar seus filhos, outras crianças corriam em minha direção, ou da educadora Li, lembrando-nos para entregar a caixinha de bombons prometida. Nesse momento, pensei em quanto a memória das crianças é mesmo muito boa...

Quando fazíamos os bombons, algumas crianças maiores auxiliaram as menores, sem que nada lhes fosse imposto.

Quando o chocolate começou a endurecer, as crianças aparentemente mais responsáveis (não se levando em conta o fator idade) procuravam auxiliar as mais distraídas, para que o sucesso dos bombons fosse conquistado, assim demonstrando a importância do trabalho em conjunto.

Algumas crianças preocupam-se muito com suas famílias e falavam o tempo todo (no final da aula) que queriam levar um pouquinho de chocolate para os seus pais. Mesmo sabendo que iam ganhar uma caixinha com bombons, elas pareciam querer o chocolate (material bruto) para poder fazer em suas casas. Não sei se este desejo seria para confirmar que aprenderam de fato a fazer os bombons, ou se procuravam uma chance ou um motivo para realizar alguma coisa relevante com seus familiares.

Fico com a inquietação!

Foram experiências maravilhosas que pude passar com as crianças e toda a equipe da Escola Lumiar.

Fig. 12. Ursinho Tiquinho

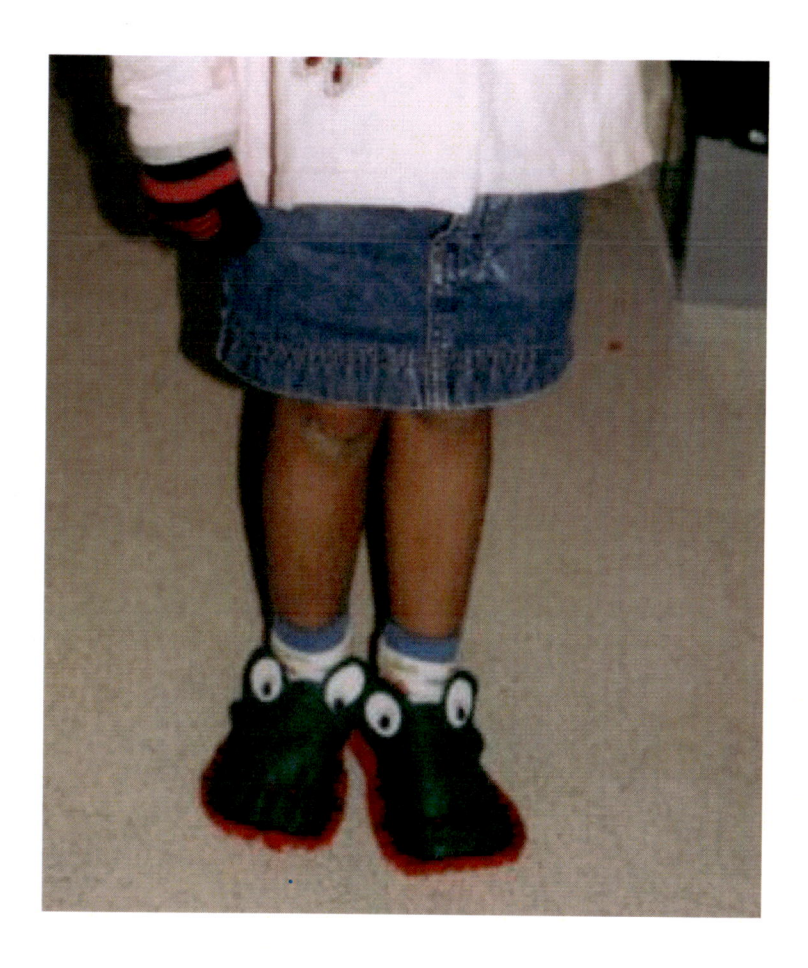

Fig. 13. Pantufa de sapinho

Fig. 14. Marcador de página

AÇÃO E PERCEPÇÃO NOS PROCESSOS EDUCACIONAIS

Fig. 15. Brincando de esconde-esconde

Fig. 16. Painel de *hiragana*

Conclusão

O desenvolvimento infantil em um ambiente educacional democrático pauta-se pela construção processual do aprendizado, com base na mobilidade construtiva do conhecimento. Tal mobilidade refere-se a um processo sempre em andamento e inacabado, como parte importante de uma constituição dos signos que possibilite um olhar múltiplo e "indisciplinar".

No processo de auto-organização, as soluções para os diferentes tipos de problemas acontecem pelo enfrentamento, tanto dos problemas como das complexidades, quando a criança exercita a atividade exploratória. Esta é pautada pela mobilidade e modifica-se continuamente, clamando pelos instrumentais processuais. Pensar as complexidades requer pensar sobre o ângulo das propostas de trocas e, analogamente, conforme ressaltou Daniel Ferrer (1999) sobre o trabalho investigativo da pesquisadora Cecilia Salles, pelo viés da interação entre as áreas do conhecimento. E, segundo pontuações de Morin, no tocante a evitar que as pesquisas fiquem isoladas em seus objetos e a "ativar as relações que os mantêm como sistemas" (SALLES, 2003: 87). Não meramente a investigação centrada na literatura e nas artes, mas, sim, dialogando com outras áreas.

Essa abordagem empresta, aos estudos desenvolvimentais cognitivos infantis, dados para um entendimento das diversas linguagens que integram a construção do conhecimento. Os processos de perceber, agir e pensar são aqui vistos inseparáveis em camadas e níveis e funcionando na mesma escala dinâmica e em tempo real, conforme pressupostos de Thelen e Smith (1994). Quando se pensa acerca de tais processos, destaca-se a importância da hominização que Edgar Morin (2002: 50) cita como "primordial à educação voltada para a condição humana porque nos mostra como a animalidade e a humanidade constituem, juntas, nossa condição humana".

Os estudos ligados à evolução humana de Robert Foley (2003: 100) tornam-se pertinentes no cruzamento com os estudos de Thelen e Smith. Foley acredita que a evolução humana ocorreu devido a certas circunstâncias específicas no tempo e no espaço. Para ele, "o comportamento mostra o mesmo padrão que a anatomia" (op. cit.: 101).

> Tornamo-nos humanos, entretanto, quando alcançamos os padrões distintivos de estrutura anatômica e comportamento que ainda podem ser encontrados hoje. Isso se deu em algum momento entre 150 mil e cem mil anos atrás, e foi apenas então que a nossa espécie – *Homo sapiens* – surgiu (op. cit.: 105).

O bipedalismo e a tecnologia também foram fatores importantes no humano, quando o ficar em pé, com dois apoios, possibilitou a locomoção, mas foi a instabilidade que proporcionou a locomoção. O corpo aprendeu a organizar os movimentos de desequilíbrio e equilíbrio e foi capaz de caminhar. Desde então, a superação tecnológica, definindo o humano ligado ao domínio técnico, significa que, à medida que mais e mais tecnologia é utilizada, ocorre a aceleração do tempo que possibilita pensar a próxima etapa. O que Foley (2003) coloca em discussão é "como" se processa o tempo, o que faz toda a diferença.

Conforme já apontado, para Thelen e Smith (1994), o modo como as crianças adquirem novas habilidades ocorre pela ação corporal. Com o aumento da locomoção, há um aumento na autonomia do corpo, que passa a explorar novos lugares, aumentando também a taxa de complexidade. Para Thelen e Smith (1994), os processos cognitivos fazem parte de uma mesma escala dinâmica, que funciona em tempo real. A continuidade temporal é a dinâmica que compartilha o físico e o mental, proporcionando natureza única. A transformação ao longo do tempo é vista seguindo o percurso de vida do indivíduo;

porém, esse percurso de vida não é totalmente construído pelas vias lógicas, conforme acreditava Piaget. A transformação espaço-temporal somente seria passível de observação durante o percurso de vida de um indivíduo e, para tanto, todos os aspectos que participam do processo ativo são importantes, assim como o movimento e a percepção somados ao contexto vivido. A maneira como as crianças adquirem as habilidades corporais é sustentada pela ideia do pensamento baseado na ação corporal.

No desenvolvimento infantil, observa-se a importância da relação com o corpo, o que faz com que os processos do pensamento, da ação e da percepção não sejam separáveis em níveis, e sim compartilhem a mesma dinâmica na escala temporal. O desenvolvimento é sempre contínuo no tempo. As mudanças ocorrem de alguma forma em tempo real, segundo a segundo, minuto a minuto (THELEN & SMITH, 1994: 32). A mente e o corpo estão ligados desde o início da vida e não se separam.

Na hipótese de Thelen e Smith, pensamento e comportamento são padrões de atividades dinâmicas. Esses padrões surgem no fluxo dos processos e estão relacionados aos contextos vividos. Com isso, rejeita-se a ideia de símbolos e estágios de maturação. Percepção, ação e cognição fazem parte de um mesmo tempo e portam-se como processos únicos, não havendo ramificações que os possam diferenciar. O desenvolvimento não ocorre pelas vias do comportamento inato, mas pelas possibilidades de ocorrências de ações em diferentes contextos. Pelos princípios dinâmicos gerais, as mudanças ocorrem em sistemas instáveis, ou seja, as coordenadas dos elementos se desenvolvem procurando sempre novos padrões de estabilidade. Esses padrões procuram emergir de forma a modificar e serem modificados, constituindo o sistema dinâmico.

As ideias dinamicistas de Esther Thelen e Linda Smith possibilitam relacionar a Escola Lumiar com um sistema dinâmico, que também deriva de um processo de auto-organização no qual as soluções para os diferentes problemas emergem do próprio enfrentamento de cada situação, não existindo um modelo único de desenvolvimento. Os processos de ensino e aprendizagem levam em conta diferentes aspectos que têm como ponto de partida não apenas a escola, o educador, o mestre, mas sim procuram atentar para dar voz ao educando, à criança em si. Assim, a Escola Lumiar, partindo dos princípios dinâmicos de auto-organização, estrutura sua grade de ensino e seu ambiente educacional de acordo com um processo chamado autogestão. Entende-se, guardadas as devidas proporções, a autogestão como uma forma de auto-organização: é uma contribuição direta que cada criança faz em relação ao ambiente educacional com suas atividades. A autogestão é uma possibilidade de avaliação e de adequação do ambiente educacional através das opiniões e das apreciações de cada criança. A Escola Lumiar pode ser pensada como a metáfora de um mosaico composto de diferentes peças. E esse mosaico também é composto de outros pequenos mosaicos que são, justamente, as opiniões das crianças, expressas, guardadas e lidas por meio de uma série de formulários de avaliação que carregam também a multiplicidade do formato de mosaicos. Cada um destes mosaicos pode ser submetido à análise desenvolvimental, estabelecendo-se relações entre os vários momentos e movimentos de um processo, respeitando-se, no entanto, cada passo desse percurso.

No tocante ao termo "indisciplinar", na visão de Muniz Sodré (2006: 235), este expressa o percurso cognitivo transdisciplinar em um campo de relações hipertextuais no mundo permeado pela interface com a virtualidade. Assim, o sujeito de *identidade fixa* e estável no mundo é destituído de sua consistência histórica, que garantia a gestão da objetividade social e vinha "induzindo a objetividade científica buscada pelas disciplinas teóricas" (op. cit.).

Com a quebra da identidade fixa e estável do sujeito, evidenciam-se as fragilidades no relacionamento humano, estudadas pelo filósofo Zygmunt Bauman. Para este, "os habitantes do líquido mundo moderno", em vez de falar em "relações" ou "relacionamento", cada vez mais falam em conexões, *"conectar--se"* ou *"estar conectado"*. Em vez de parceiros, fala-se em "redes", "que servem tanto para conectar como desconectar", ou seja, são as "relações virtuais" que parecem "feitas sob medida para o líquido cenário da vida moderna" (2004: 12).

O sociólogo Antony Giddens (2004) estuda a interconexão entre sociedades mundiais e o desaparecimento do sistema social tradicional, as mudanças ocorridas pela "globalização". Com isso, cada vez mais se convive com a interdependência entre indivíduos, grupos e nações. É a interação entre a extraordinária inovação tecnológica e o alcance mundial promovido por um capitalismo global que dá à mudança de hoje sua compleição específica. "Agora ela tem uma rapidez, uma inevitabilidade e uma força que nunca teve" (GIDDENS & HUTTON, 2004: 7).

Essa contextualização importa no sentido da relação corpo/ambiente e sua abordagem pela proposta da Teoria Corpomídia. Não se pode apartar o corpo das mudanças ocorridas na contemporaneidade, cenário em que as escolas democráticas se inserem, pois o corpo é um conjunto de ajeitamentos que carrega o ambiente para onde for, em corresponsabilidade. O conjunto das informações e suas conexões é que forma o corpo. Por exemplo, se um indivíduo esteve em determinados lugares e vai para outro, o ambiente seguirá junto. O corpo é formado por incontáveis coisas, mas não por elementos somados, e, sim, organizados como fluxos. As informações estão o tempo todo negociando com o ambiente e sendo por ele contaminadas.

Nas considerações finais, podemos dizer que, na abordagem dinâmica, os bebês que movimentam e balançam seus corpos estão atuando no meio, quando se arrastam, chutam e empurram, explorando-o sem parar em uma escala de tempo. Esses movimentos, aparentemente comuns, podem fundamentar a cognição incorporada, pois, aprendendo a controlar as interações de forças do corpo em seu meio ambiente, a criança acaba descobrindo relações em um nível ao mesmo tempo mental e cognitivo. Ou seja, sempre que a criança se movimenta, ela trabalha o controle de forças nos músculos, e essa relação com o meio ambiente exige um tipo de interação de forças conforme sua ação sobre os objetos e vice-versa. Entendendo o modo como esse controle do corpo é adquirido pelas crianças, seria possível entender as capacidades cognitivas mais complexas. Nessas abordagens, as questões observadas são pertinentes com a hipótese desta pesquisa, no que diz respeito às experiências que o corpo vivencia em seu ambiente. Ao movimentar-se, a criança inicia o processo que faz do corpo mídia de si mesmo, segundo a Teoria Corpomídia. O corpo é singular e sua singularidade não permite que se estabeleça uma generalização pautada na seriação que tem por base a faixa etária. A criança aprende pelas interações entre sistema nervoso, corpo, movimento, ambiente, e essas experiências vivenciadas pelo corpo originam sempre novos significados perceptuais. Esses pressupostos estão em acordo com Morin (2002) quando diz que a complexidade humana não poderia ser compreendida dissociada dos elementos que a constituem: "todo desenvolvimento verdadeiramente humano significa o desenvolvimento conjunto das autonomias individuais, das participações comunitárias e do sentimento de pertencer à espécie humana" (MORIN, 2002: 55). A Escola Lumiar e o Projeto *Mosaico* procuram estabelecer uma construção do saber voltado para a multiplicidade sem fragmentação, antes pensada como utopia por Sílvio Gallo:

> [...] uma escola na qual as crianças possam aprender sobre o mundo em que vivem, um mundo múltiplo e cheio de surpresas, e possam dominar as diferentes ferramentas que permitam seu acesso aos saberes possibilitados por esse mundo, e possam aprender a relacionar-se com os outros e com o mundo em liberdade. Somente quando lograrmos alcançar essa dimensão teremos de fato desvendado o enigma com que a Esfinge-Educação nos aterroriza (GALLO, 2000).

Posfácio, por Helena Singer

Foi sempre um grande prazer e oportunidade para importantes aprendizados acompanhar os trabalhos de Cecilia Saito, primeiro como mestre da Lumiar, depois como pesquisadora de doutorado da PUC. E é com este mesmo prazer que aceitei o convite para escrever este posfácio a seu livro, uma obra que certamente em muito contribuirá para as pesquisas em comunicação, semiótica e educação. A solicitação foi para que relatasse um pouco da história da Lumiar, a escola que foi campo de pesquisa da autora.

Começo o relato falando de outro convite. O que recebi em 1999 da Fundação Semco para liderar o processo de criação da primeira escola democrática do Brasil. O termo provinha do livro que havia publicado dois anos antes, em que mapeava e descrevia escolas que haviam optado pela autogestão e pela transversalidade curricular, possibilitando às crianças e aos jovens construir suas próprias trajetórias de estudos.

Iniciamos o projeto com a formação de um grupo de trabalho com profissionais de diferentes áreas – artistas, gestores, pesquisadores, educadores – a fim de criar uma proposta pedagógica voltada para a integração de crianças e adolescentes de diferentes origens socioculturais e que transformasse o ambiente de aprendizado em um centro de produção de conhecimento. Os estudos voltaram-se para propostas pedagógicas inovadoras, visitas a escolas, ONGs e centros de pesquisa em educação, além de reuniões e workshops. Foi a partir destes encontros que se formou um Conselho Consultivo do que seria, em 2001, constituído como Instituto Lumiar.

Como projeto piloto, em 2002, foi desenvolvido, em parceria com o Fundo das Nações Unidas para a Infância (UNICEF), o programa "A Escola que eu Quero", com 190 crianças e adolescentes de diferentes origens sociais. Este programa realizou atividades de experimentação de uma proposta que buscava o redimensionamento do papel do educador, a integração de grupos de diferentes idades e origens socioculturais, a participação das famílias e novas formas de avaliação. As atividades envolveram jovens de três a dezoito anos e seus familiares — pais, avós e irmãos mais velhos. O programa integrou etapa da formação da equipe e da proposta educativa da Lumiar.

Um dos pilares da proposta que se construía foi a divisão de papéis entre educadores e mestres. Haveria um educador para grupos de doze a quinze estudantes. Este educador acompanharia, por meio de registros diários feitos por ele, pelos estudantes e pelos mestres, os interesses e o desenvolvimento intelectual, emocional, físico e psicológico de cada uma das crianças sob sua responsabilidade. Seu papel seria o de auxiliá-las a descobrir seus talentos, perseguir seus interesses e realizar seus projetos, dando-lhes o suporte necessário como orientador de pesquisa. Já os mestres desenvolveriam projetos compartilhando com as crianças sua paixão e expertise por determinado assunto.

Com base nesta proposta, pesquisamos os Referenciais Nacionais para a Educação Infantil (RCNEI) e os Parâmetros Curriculares Nacionais (PCN) para formar um Banco de Mestres que possibilitasse a articulação entre os interesses dos estudantes e as habilidades previstas pelos PCN para cada ciclo. Os projetos seriam coordenados por mestres, pessoas com particular interesse, cuidado e paixão por certo estudo, que se dedicavam a um ramo de atividades, que tinham habilidade ou prática especial em determinado assunto. Construindo-se com base nas descrições que os mestres faziam de suas habilidades, o Banco disponibilizava para a comunidade escolar as aptidões e os conhecimentos teóricos e práticos. Entre 2003 e 2006, catalogamos projetos de 207 mestres especialmente desenhados para cada um dos ciclos, sendo que várias dezenas destes foram realizados na Escola Lumiar.

Com vistas a completar o quadro docente da escola que nascia, ainda em 2002, criamos o curso de especialização "Formação em Educação Democrática", voltado para educadores, pesquisadores, estudantes universitários e outros profissionais interessados na renovação do ensino em suas várias dimensões. O curso organizou-se sobre seminários, leituras, palestras com convidados e grupo de discussão virtual. Resgatávamos ali a história da educação democrática e aspectos específicos da gestão do conhecimento, com ênfase nas teorias contemporâneas sobre aprendizagem. Desde seu início até 2006, foram dezoito turmas do curso nas três cidades em que o Instituto Lumiar atuou, cada turma com uma média de trinta participantes.

Com base nessas teorias contemporâneas sobre gestão do conhecimento, construímos o Mosaico, estruturado sobre ciclos, projetos e avaliação-pesquisa, de forma articulada com a gestão político-administrativa. O conjunto de projetos disponibilizados para cada ciclo a partir de um cruzamento entre as habilidades previstas pelos RCNEI e PCN para serem desenvolvidas em cada etapa e os interesses dos estudantes por determinados assuntos compunham o Mosaico da Escola. Já a trajetória que cada um fazia pelo Mosaico da escola, o conhecimento que ele construía transversalmente nos vários projetos, desenhava o Mosaico do Estudante.

Foi como mestre que Cecilia Saito chegou a Lumiar logo no ano de sua fundação, 2003, para realizar seu projeto de Cultura Japonesa com as crianças da educação infantil. O exercício do origami, na perspectiva do movimento do corpo que entra em contato lúdico com o papel, a ação exploratória da brincadeira, dos desenhos, pinturas, colagens, recortes, dramatizações e criação de histórias eram estimuladas ao longo de todo o trabalho. Na perspectiva do Mosaico, o projeto logo se integrou a vários outros, como a Festa Junina, para a qual o grupo produziu balões e bandeiras de papel. A partir do trabalho inicial com a familiarização e a dobradura dos balões e bandeiras, o grupo passou para outras produções, como flores, peixes, porta-retratos, cartões e jogos americanos. Depois, veio o momento da criação de objetos típicos da cultura japonesa, como o marca-texto de boneca e a pantufa. Dos objetos para os cálculos matemáticos sobre proporções e formas geométricas, identificando-se o quadrado, o retângulo, o triângulo, o losango e o trapézio. Das formas geométricas para a comida e as crianças aprenderam a fazer sushi. Durante o preparo das comidas típicas, discutiam os cuidados que deviam ter com o fogo, os perigos da queimadura e a necessidade de estar perto de um adulto para ajudá-las. Estes ensinamentos eram levados para a Comissão de Cozinha, responsável por gerir aquele espaço e elaborar o cardápio semanal. Além de cozinhar, as crianças ouviam histórias da cultura japonesa, entravam em contato com o *hai kai* e brincavam com o alfabeto japonês, o *hiragana*, iniciando-se nas experimentações da escrita, traçando paralelos com o que aprendiam na sua língua materna no projeto Clube da Escrita. A partir do projeto Cultura Japonesa e do intenso interesse despertado nas crianças, vários outros projetos foram organizados para dar continuidade aquelas pesquisas e experimentações: Clube da Matemática, Ateliê, Roda de Histórias, Culinária, Reciclagem e Reaproveitamento de Materiais, Poesia, Desenho com as Palavras, Desenho Geométrico e, sobretudo, o projeto Mangá, que possibilitou aos interessados a continuidade dos estudos sobre a cultura japonesa.

A gestão democrática do conhecimento sintetizada no Mosaico estava intrinsecamente ligada à gestão político-administrativa dos espaços, tempos e recursos da escola.

A Lumiar foi instalada na região central de cidade de São Paulo, em um casarão histórico, com um total de 350m² de área. Sua organização espacial era simples, clara, iluminada e versátil, moldável conforme os interesses dos grupos. Desde sua inauguração, as definições de espaços foram bastante transformadas. De início, havia poucas paredes e portas separando os ambientes e estes tinham usos mais indefinidos, dependendo do grupo que o ocupasse no momento. Depois, com o aumento do número de estudantes e a incorporação de novos ciclos, as salas foram pouco a pouco sendo destinadas a cada um deles, com mobiliário específico e "marcas" dos seus membros nas paredes. Isto foi resultado de um processo deliberado pela equipe pedagógica, para auxiliar os estudantes a criar identidade e sentido de pertencimento ao espaço e à comunidade escolar. Os regulamentos sobre os usos dos espaços e materiais, espalhados por toda a casa, eram feitos na Assembleia e por comissões específicas.

A flexibilidade na distribuição do tempo também era uma das características marcantes dos primeiros anos da Lumiar. As famílias podiam optar por matricular os filhos de três a dez horas por dia e os estudantes tinham liberdade para frequentar a escola em qualquer horário, da forma como preferissem. Também as férias eram flexíveis: a escola fechava somente entre Natal e Ano Novo e as crianças tiravam os seus trinta dias de férias da forma como fosse mais adequada para a família, corrida ou segmentada, em qualquer época do ano. Mas, assim como aconteceu com a organização do espaço, a flexibilidade na distribuição do tempo também foi sendo limitada até que, no final de 2006, o Conselho Escolar decidiu que as férias deixariam de ser flexíveis e haveria apenas duas opções de horário, a de tempo parcial e a de tempo integral. Com isso, buscou-se facilitar os processos de planejamento coletivo e a formação de grupos de estudos mais constantes.

Um dos aspectos mais relevantes a descrever em relação ao corpo discente da Lumiar refere-se à pluralidade socioeconômica cultural. O projeto inicial era constituir uma variedade equilibrada entre diversos estratos sociais. Para isso, a fundação mantenedora abriu a escola disponibilizando bolsas de 100%, 75%, 50% e 25% em número proporcional às matrículas de estudantes sem bolsa. Assim, entre os 26 matriculados em 2003, havia certo equilíbrio na distribuição dos níveis de mensalidade. Para as bolsas de 100%, a fundação priorizou famílias de baixa renda. As vagas foram então destinadas a filhos de trabalhadores de empresas da região, filhos de funcionários e de famílias do entorno e, para elas, a escola passou a oferecer também a opção de período integral ou isenção de taxa de refeição. As demais bolsas foram distribuídas a famílias que não tinham condições de arcar com o valor integral da mensalidade, condição que era manifesta mediante a resposta a questionário sobre seu nível de renda e de consumo. O projeto inicial, no entanto, não se manteve integralmente porque a fundação não conseguiu mais financiadores para novas bolsas que mantivessem o equilíbrio na distribuição das vagas à medida que a escola crescesse. Mas a pluralidade sociocultural permaneceu de alguma forma.

Em 2004, criou-se o primeiro ciclo do ensino fundamental e, em 2005, completou-se este nível de ensino. Capítulo importante da Lumiar refere-se a seu processo de regularização, que evidencia as dificuldades encontradas pelas propostas inovadoras, mesmo quando reconhecidamente alinhadas com a legislação pertinente. Entre 1999 e 2006, foram inúmeros os trâmites burocráticos, reuniões e re-elaborações de documentos até que finalmente os dois ciclos do Fundamental fossem aprovados. Todo o processo deixou claro que as mudanças promovidas pela LDB de 1996 e reforçadas pelos PCN no final daquela década ainda não foram de fato incorporadas nas instituições de ensino do país, fazendo com que os supervisores não tenham parâmetros para avaliar uma proposta de uma escola democrática e se sintam inseguros para aprová-la.

As continuidades, tensões e desafios das mudanças legislativas e nas políticas públicas puderam não só ser experimentadas no processo de regularização da Lumiar como também nas parcerias estabelecidas com municípios para a democratização de duas escolas rurais do estado de São Paulo. Em 2004, uma parceria com a prefeitura do município de Campos de Jordão deu início ao processo de democratização da escola de educação infantil e primeiro ciclo do fundamental do bairro dos Mellos. Em 2005, desenvolvemos programa de democratização na Educação de Jovens e Adultos da escola Profa. Sara Mazzeo Alves em Mairinque. Em Campos do Jordão, a parceria durou trinta meses, até que a eleição de um novo prefeito obrigou a mudança do projeto para a cidade vizinha de Santo Antonio do Pinhal. Em Mairinque, o projeto encerrou-se no final de 2005, quando a empresa local que o patrocinava entrou em dificuldades financeiras.

Os projetos da Lumiar e das escolas públicas despertaram o interesse de instituições de pesquisa do Brasil e do exterior, como a Comunicação e Semiótica da PUC, as faculdades de Educação da USP, da Unicamp e da UFSCAR, o Instituto Socioambiental, o Project Zero da Universidade de Harvard e o Media Lab do MIT. Em 2006, a Lumiar foi selecionada como uma das doze escolas de 101 países integrantes do programa Microsoft *Worldwide Innovative Schools*.

Mas a gestão das escolas Lumiar era complexa. Ela articulava, não sem conflitos, uma estrutura institucional hierárquica com uma gestão interna democrática. A gestão interna democrática realizava-se com base em algumas instâncias.

O Conselho era composto pelos educadores, estudantes, pais, funcionários e mantenedores. Reunia-se trimestralmente, e era responsável por determinar os valores de mensalidades e salários, aprovar contratações e desligamentos, mudanças no regimento escolar e avaliar continuamente o desenvolvimento do projeto pedagógico.

A Assembleia, também chamada de Roda, era composta pelos educadores, funcionários e estudantes que queriam participar. Tinha sob sua responsabilidade a administração cotidiana da escola: regras de convivência e de utilização do espaço comum, criação e manutenção das comissões, projetos para o Mosaico. A Assembleia reunia-se frequentemente – em alguns períodos, semanal, em outros, diariamente. Assim como para o Conselho, para cada Assembleia havia uma pauta anteriormente conhecida e uma ata posteriormente divulgada.

As posições administrativas e de manutenção da Lumiar eram de responsabilidade de funcionários contratados, mas eram também acompanhadas pelos membros da comunidade que se candidatavam a participar de comissões. O mecanismo privilegiado para a formação das comissões era a rotatividade de posições. As comissões eram responsáveis pelo gerenciamento dos recursos e pelo andamento das atividades sob sua alçada, em todas as etapas de seu desenvolvimento. Reportavam-se à Assembleia ou ao Conselho, dependendo de seu escopo, se se tratava de assunto de um ou outro órgão. Assim, por exemplo, a Comissão de Sustentabilidade, que devia acompanhar o desembolso dos recursos e estabelecer políticas que garantiam a manutenção da escola, reportava-se ao Conselho; já a Comissão de Cozinha, que criava o cardápio da semana, reportava-se à Assembleia. Dentre as comissões, merece destaque o Fórum – em algumas fases batizado com outros nomes, como Comissão Paz e Amor –, que encaminhava situações conflituosas buscando desfechos adequados para os envolvidos e se responsabilizando pelo cumprimento das regras escolares. Os diretores, educadores e demais funcionários da Lumiar eram selecionados pela Comissão de Seleção, formada por representantes de todos os segmentos da escola.

A estrutura institucional hierárquica relacionava-se com a formação da Lumiar, iniciativa de uma fundação que a criou e a mantém. Desta forma, diferentemente de outras escolas democráticas, que nascem como cooperativas de pais e/ou de educadores, a Lumiar é uma escola mantida por uma fundação sendo, portanto, a ela submetida. Os conflitos ocorriam porque a proposta pedagógica que deveria ser garantida era essencialmente democrática. E os conflitos acirraram-se até que em 2006, a mantenedora decidiu reformar o estatuto, esvaziando de poder o Conselho escolar e, então, vários gestores, educadores, pais e suas crianças saíram da escola.

Saímos da estrutura Lumiar, mas com a clareza de que o projeto da escola democrática havia sido bem-sucedido e permanecia. Formamos, então, o Instituto de Educação Democrática Politeia. O Instituto Politeia levou consigo o curso de especialização em Educação Democrática e fez uma parceria com a Teia Multicultural, escola de educação infantil e ensino fundamental criada em 2006 por educadoras ligadas ao teatro, que haviam se inspirado também na Lumiar. Juntos, criamos a Escola Politeia, voltada para o segundo ciclo do Fundamental, que elaborou uma nova proposta de educação democrática, mantendo os princípios que inspiraram a primeira escola que assumiu este nome.

Bibliografia

ALBERTINI, Paulo. "Reich, prevention, and childhood education". In: *Colóquio do* LEPSI IP/FE-USP, 5. São Paulo: 2006.

———. *Reich*: História das ideias e formulações para a educação. São Paulo: Ágora, 1994.

ANDREW, Edgar; SEDGWICK, Peter. (Orgs.). *Teoria cultural de A a Z*. Conceitos-chave para entender o mundo contemporâneo. São Paulo: Contexto, 2003.

ARGYLE, Michael. Gestures and bodily movements. In: *Bodily communication*. New York: International Universities Press, Inc., p.151-271, 1975.

ARNHEIM, Rudolf. *Arte e percepção visual*: Uma psicologia da visão criadora. Trad. Ivonne Terezinha e Vicente Di grado. São Paulo: Pioneira, 2000.

ASCHENBACH, Maria Helena C. et al. *A arte das dobraduras*, história e atividades pedagógicas com origami. São Paulo: Scipione, 1990.

BATESON, Gregory. *Steps to an ecology of mind*. New York: Ballantine Books, 1972.

BENJAFIELD, John G. *The developmental point of view*. A history of psychology. Needham Heights: Simon & Schuster Company, p.235-263, 1996.

BERTALANFFY, Ludwig von. *General system theory*. New York: George Braziller, 1968.

BERTHOZ, Alain. *The brain's sense of movement*. Perspectives in cognitive neuroscience. Cambridge: Harvard University Press, 2000.

BOERLIJST, Maarten C.; HOGEWEG, Paulien. Spiral wave structures in prebiotic evolution: Hypercycles stable against parasites. In: *Physica D*, 48, p.17-28, 1991.

BORDIEU, Pierre. *Esboço de autoanálise*. Trad. Sérgio Miceli. São Paulo: Companhia das Letras, 2005.

BRITO, Maria Tereza A. de. *Por uma educação musical do pensamento*, novas estratégias de comunicação. Tese de Doutorado apresentada ao Programa de Estudos Pós-graduados em Comunicação e Semiótica da Pontifícia Universidade Católica de São Paulo. São Paulo: 2007.

BUORO, Anamelia Bueno. *Olhos que pintam*: A leitura da imagem e o ensino da arte. São Paulo: Educ/ Fapesp/ Cortez, 2002.

COHEN, Leslie B. & SALAPATEK, Philip. *Infant perception*: From sensation to cognition. New York: Academic Press, 1975.

COLAPIETRO, Vincent. The loci of creativity: Fissured selves, interwoven practices. In: *Manuscrítica*, Revista de Crítica Genética. São Paulo: Annablume, p. 59-82, 2003.

COLE, M. The zone of proximal development: Where culture and cognition create each other. In: WERTSCH, James V. (Ed.). *Culture, communication, and cognition*: Vygotskian perspectives. Cambridge: Cambridge University Press, p. 146-161, 1985.

DAMÁSIO, António. *O erro de Descartes*. São Paulo: Companhia das Letras, 1994.

———. *O mistério da consciência*. São Paulo: Companhia das Letras, 2000.

———. *Em busca de Espinoza*, prazer e dor na ciência dos sentimentos. São Paulo: Companhia das Letras, 2004.

DAVIS, Martha.; SKUPIEN, Janet. *Body movement and nonverbal communication*: An annoted bibliography, 1971-1980. Bloomington: Indiana University Press, 1982.

DAWKINS, Richard. *O gene egoísta*. Trad. Geraldo H. M. Florsheim. Belo Horizonte: Itatiaia, 2001.

DEMO, Pedro. *Educação e conhecimento*: Relação necessária, insuficiente e controversa. Petrópolis: Vozes, 2000.

DENNETT, Daniel. *Brainchildren*. Cambridge: MIT Press, 1998.

———. *Tipos de mentes*. Rio de Janeiro: Rocco, 1996.

———. *A perigosa ideia de Darwin*: A evolução e os significados da vida. Trad. Talita M. Rodrigues. Rio de Janeiro: Rocco, 1995.

DERRIDA, Jacques. *L'écriture et la différence*. Paris: Seuil, 1979.

———. *Gramatologia*. Trad. Miriam Schnaiderman e Renato Janine Ribeiro. São Paulo: Perspectiva, Coleção Estudos, 1973.

DONALDSON, Margaret. *Children's minds*. New York: WW Norton, 1978.

DUPUY, Jean-Pierre. *Nas origens das ciências cognitivas*. São Paulo: UNESP, 1994, 1995.

EDELMAN, Gerald M. *A universe of consciousness*. How matter becomes imagination. New York: Basic Books, 2000.

———. *Bright air, brilliant fire*: On the matter of the mind. New York: Basic Books, 1992.

———. *The remembered present*: A biological theory of consciousness. New York: Basic Books, 1989.

———. *Neural darwinism*. New York: Basic Books, 1987.

EFRON, David. *Gesture, race and culture*. The Hague: Mouton & Co., 1972.

ELIASMITH, Chris. The third contender: A critical examination of the dynamicist theory of cognition. *Philosophical Psychology*, 9(4), p. 441-463, 1996.

EMMOREY, Karen; REILLY, Judy S. (Eds.). *Language, gesture and space*. New York: Academic Press, 1995.

FERRER, Daniel. A crítica genética do século XXI será transdisciplinar, transartística e transsemiótica ou não existirá. In: ZULAR, Roberto. (Org.). *Criação em processo*, ensaios de crítica genética. São Paulo: Iluminuras, p.203-232, 2002.

FOGEL, Alan. *Developing through relationships*: Communication, self, and culture in early infancy. Cambridge: Harvester Press, 1993.

FOLEY, Robert. *Os humanos antes da humanidade*: Uma perspectiva evolucionista. Trad. Patrícia Zimbres. São Paulo: UNESP, 2003.

FOUCAULT, Michel. *História da loucura*. Trad. José Teixeira Coelho Neto. 8. ed. São Paulo: Perspectiva, 2005.

———. *Problematização do sujeito*: Psicologia, psiquiatria e psicanálise. Trad. Vera Lucia Avellar Ribeiro. MOTTA, Manoel Barros da. (Org.). 2. ed. Rio de Janeiro: Forense Universitária, 2002.

———. *Microfísica do poder*. Trad. Roberto Machado. Rio de Janeiro: Graal, 2000.

———. *Resumo dos cursos do Collège de France*. Trad. Andréia Daher. Rio de Janeiro: Jorge Zahar Editores, 1997.

———. *Arqueologia do saber*. Rio de Janeiro: Forense, 1987.

FRAWLEY, William. *Vygotsky e a ciência cognitiva*. Linguagem e integração das mentes social e computacional. Trad. Marcos A. G. Domingues. Porto Alegre: Artmed Editora, 2000.

FREIRE, Ana Maria Araújo. (Org.). *A pedagogia da libertação em Paulo Freire*. São Paulo: UNESP, 2001.

FREIRE, Paulo. *Educação como prática da liberdade*. Rio de Janeiro: Paz e Terra, 2005.

———. *Pedagogia da autonomia*: Saberes necessários à prática educativa. São Paulo: Paz e Terra, Coleção Leitura, 1996.

———. *Pedagogia da esperança*: Um reencontro com a pedagogia do oprimido. Rio de Janeiro: Paz e Terra, 1992.

GAIARSA, José Angelo. *Sexo, reich e eu*. São Paulo: Ágora, 1985.

GALLO, Sílvio. Transversalidade e educação: Pensando uma educação não disciplinar. In: ALVES, Nilda; GARCIA, Regina Leite. (Orgs.). *O sentido da escola*. Rio de Janeiro: DP&A, 2000.

GARDNER, Howard. *A nova ciência da mente*: Uma história da revolução cognitiva. Trad. Claudia Malbergier Caon. São Paulo: Edusp, 1996.

———. *Estruturas da mente*: A teoria das inteligências múltiplas. Trad. Sandra Costa. Porto Alegre: Artes Médicas, 1994.

———. *A criança pré-escolar*: Como pensa e como a escola pode ensiná-la. Trad. Carlos Alberto S. N. Soares. Porto Alegre: Artes Médicas, 1994.

GELMAN, Rachel. The nature and development of early number concepts. In: REESE, Hayne W.; LIPSITT, Lewis P. (Eds.). *Advances in child development and behavior*. New York: Academic Press, 1972.

GHISELIN, Michael T. *The triumph of the darwinian method*. Chicago: University of Chicago Press, 1969.

GLASS, Leon; MACKEY, Michael C. *From clocks to chaos*. The rhythms of life. Princeton: Princeton University Press, 1988.

GOLDFIELD, Eugene. *Emergent forms*, origins and early development of human action and perception. Oxford: Oxford University Press, 1995.

GREINER, Christine. *O corpo*: Pistas para estudos indisciplinares. São Paulo: Annablume, 2005.

GREINER, Christine; AMORIM, Claudia. *Leituras do corpo*. São Paulo: Annablume, 2003.

GREINER, Christine; KATZ, Helena. A natureza cultural do corpo. In: PEREIRA, Roberto; SOTTER, Silvia. (Orgs.). *Lições de dança 3*. Rio de Janeiro: UniverCidade, 2002.

GRÉSILLON, Almuth. Devagar: Obras. In: ZULAR, Roberto. (Org.). *Criação em processo*, ensaios de crítica genética. São Paulo: Iluminuras, 2002.

HALL, W. G.; BRYAN, Thomas E. The ontogeny of feeding in rats. II. Independent ingestive behavior. *Journal of Comparative and Physiological Psychology*, 93, p. 746-756, 1980.

HAROUTUNIAN, Sophie. *Equilibrium in the balance*: A study of psychological explanation. New York: Springer-Verlag, 1983.

HAUSER, Marc. *The evolution of communication*. London: Bradford Books, 1997.

HESSE, Mary. Models and analogies in science. *The encyclopedia of philosophy*. New York: MacMillan Publishing Co. & The Free Press, p. 354-359, 1972.

HORTON, Myles; FREIRE, Paulo. *O caminho se faz caminhando*: Conversas sobre educação e mudança social. 3. ed. BELL, Brenda; GAVENTA, John; PETERS, John (Orgs.). Trad. Lúcia Mello Josceline. Petrópolis: Vozes, 2005.

HOWE, M. L.; Rabinowitz, F. M. Dynamic modeling, chaos, and cognitive development. In: *Journal of Experimental Child Psychology*, 58(2), p. 184-199, 1994.

ILLICH, Ivan. *Sociedade sem escola*. 7. ed. Petrópolis: Vozes, 1985.

———. *Inverter as instituições*. Lisboa: Moraes Editores, 1973.

KATZ, Helena. *TFC* – Revista eletrônica de artes cênicas, cultura e humanidades. 1. ed. ano 1, dezembro, 2004.

KAUFFMAN, Stuart A. *Origins of order*: Self-organization and selection in evolution. London: Oxford University Press, 1993.

KENDON, Adam. Some uses of gesture. In: TANNEN, Deborah.; SAVILLE-TROIKE, Muriel. (Eds.). *Perspectives on silence*. Norwood: Ablex, p. 215-234, 1985.

KOCH, Walter. *The nature of culture*. Bochum: Brockmeyer, 1989.

KORCZAK, Janusz. *Como amar uma criança*. Rio de Janeiro: Paz e Terra, 1997.

KURIYAMA, Shigehisa. *The expressiveness of the body and the divergence of greek and chinese medicine*. New York: Zone Books, 2002.

LAKOFF, George; JOHNSON, Mark. *Metáforas da vida cotidiana*. São Paulo: EDUC, 2002.

———. *Philosophy in the flesh*: The embodied mind and its challenge to western thought. New York: Basic Books, 1999.

———. *Women, fire, and dangerous things*: What categories reveal about the mind. Chicago: University of Chicago Press, 1987.

LAZLO, Ervin. *Introduction to systems philosophy*. New York: Harper & Row, 1972.

LEMKE, Jay L. *Textual politics*: Discourse and social dynamics. London: Taylor & Francis, 1995.

LEVIN, Esteban. *A infância em cena*. Constituição do sujeito e desenvolvimento psicomotor. Rio de Janeiro: Vozes, 1997.

LLINÁS, Rodolfo. *I of vortex, from neurons to self*. London: Bradford Books, 2002.

LORENZ, Edward N. *A essência do caos*. Trad. Cláudia Bentes David. Brasília: Editora UnB, 1996.

LOTMAN, Iuri. *Cultura y explosion*. Lo previsible y lo imprevisible en los processos de cambio social. Trad. D. Muscheti. Barcelona: Gedisa, 1999.

———et al. *Ensaios de semiótica soviética*. Trad. V. Navas e S. T. Menezes. Lisboa: Horizontes, 1981.

LUCID, Daniel P. (Ed.). *Soviet semiotics*. An Anthology. Baltimore and London: The Johns Hopkins University Press, 1977.

LURIA, Aleksandr R. *Cognitive development*: Its cultural and social foundations. Cambridge: Harvard University Press, 1976.

MACHADO, Roberto. *Foucault, a filosofia e a literatura*. 2. ed. Rio de Janeiro: Jorge Zahar Editores, 2001.

MARTÍN-BARBERO, Jesus. *Dos meios às mediações*: Comunicação, cultura e hegemonia. Rio de Janeiro: UFRJ Editora, 2003.

MATURANA, Humberto; VARELA Francisco. *A árvore do conhecimento*: As bases biológicas da compreensão humana. Trad. Humberto Mariotti e Lia Diskin. São Paulo: Palas Athena, 2001.

MORIN, Edgar. *Método 1*. A natureza da natureza. Trad. Ilana Heineberg. Porto Alegre: Sulina, 2005a.

———. *Introdução ao pensamento complexo*. Trad. Eliane Lisboa. Porto Alegre: Sulina, 2005b.

———. *Método 4*. As ideias – habitat, vida, costumes, organização. Trad. Juremir Machado da Silva. Porto Alegre: Sulina, 2002.

———. *A cabeça bem-feita*: Repensar e reforma, reformar o pensamento. Trad. Eloá Jacobina. Rio de Janeiro: Bertrand Brasil, 2000.

———. *O Método 3*. O conhecimento do conhecimento. Trad. Juremir Machado da Silva. Porto Alegre: Sulina, 1999.

MORUZZI, Andréa B. *A escola Lumiar e a questão da autonomia educativa*. Dissertação de mestrado apresentada ao Departamento de Pós-Graduação, área de Fundamentos da Educação, da Universidade Federal de São Carlos. São Carlos: 2005.

MYERS, David G. Sensation and perception. In: BURNE, Christine; RUBIN, Laura; MIGDOL, Chris. (Eds.). *Exploring Psychology*. New York: Worth Publishers, 3. ed., p. 117-161, 1996.

NEILL, Alexander Sutherland. *Liberdade sem medo*: Summerhill. São Paulo: IBRASA, 1973.

PEIRCE, Charles S. *Semiótica*. Trad. José Teixeira Coelho Neto. São Paulo: Perspectiva, 1977.

PIAGET, Jean. *Epistemologia genética*. Trad. Álvaro Cabral. São Paulo: Martins Fontes, 2002.

———. *A formação do símbolo na criança* – imitação, jogo e sonho, imagem e representação. Trad. Álvaro Cabral e Christiano Monteiro Oiticica. Rio de Janeiro: LTC Editora, 1990.

PIATELLI-PALMERINI, Massimo. (Ed.). *Language and learning*: The debate between Jean Piaget and Noam Chomsky. Cambridge: MIT Press, 1980.

PINKER, Steven. *Tábula rasa*: A negação contemporânea da natureza humana. Trad. Laura Teixeira Motta. São Paulo: Companhia das Letras, 2004.

———. *Como a mente funciona*. São Paulo: Companhia das Letras, 1997.

PORT, Robert F.; VAN GELDER, Timothy. *Mind as motion*. Exploration in the dynamics of cognition. Cambridge: Bradford Book/MIT Press, 1995.

REDDY, M. J. The conduit metaphor – a case of frame conflict in our language about language. In: ORTONY, A. (Org.). *Metaphor and thought*. New York: Cambridge University Press, 1979.

REICH, Wilhelm. *A revolução sexual*. Trad. Ary Blaustein. 5. ed. Rio de Janeiro: Jorge Zahar Editores, 1979.

———. (1942). *A função do orgasmo*: Problemas econômico-sexuais da energia biológica. Trad. Maria da Glória Novak. São Paulo: Brasiliense, 1978.

REVAH, Daniel. *Na trilha da palavra "alternativa"*: A mudança cultural e as pré-escolas "alternativas". Dissertação de mestrado apresentada ao Departamento de Sociologia da Faculdade de Filosofia Letras e Ciências Humanas da Universidade de São Paulo. São Paulo: 1994.

ROGOFF, Barbara. Integrating context and cognitive development. In: LAMB, Michael E.; BROWN, Ann L.; ROGOFF, Barbara. (Eds.). *Advances in developmental psychology*. Hillsdale: Erlbaum, v. 2, p. 125-170, 1982.

SALLES, Cecilia de Almeida. Redes de criação. In: *Manuscrítica*, Revista de Crítica Genética. São Paulo: Annablume, n.11, 2003.

———. *Crítica genética: Uma (nova) introdução*. São Paulo: EDUC, 2000.

———. *Gesto inacabado*. São Paulo: Annablume, 1999.

SEARLE, John R. *O mistério da consciência*. Rio de Janeiro: Paz e Terra, 1998.

SEMLER, Ricardo. *Virando a própria mesa*: Uma história de sucesso empresarial made in Brasil. Rio de Janeiro: Rocco, 2002.

SEMLER, Ricardo; et.al. *Escola sem sala de aula*. Campinas: Papirus, 2004.

SERRES, Michel. *Variações sobre o corpo*. Trad. Edgar de Assis Carvalho e Mariza Perassi Bosco. Rio de Janeiro: Bertrand Brasil, 2004.

SHEETS-JOHNSTONE, Maxine. *The roots of thinking*. Philadelphia: Temple University Press, 1990.

SINGER, Helena. *República de crianças*: Uma investigação sobre experiências escolares de resistência. São Paulo: Hucitec, 1997.

SODRÉ, Muniz. *As estratégias sensíveis*: Afeto, mídia e política. Petrópolis: Vozes, 2006.

———. *Antropológica do espelho*, uma teoria da comunicação linear e em rede. Petrópolis: Vozes, 2002.

STERNBERG, Robert. *Psicologia cognitiva*. Trad. Maria Regina Borges Osório. Porto Alegre: Artes Médicas Sul, 2000.

STRECK, Danilo R. *Rousseau & a educação*. Belo Horizonte: Autêntica, 2004.

THELEN, Esther. Time-scale dynamics and the development of an embodied cognition. In: PORT, Robert F.; VAN GELDER, Timothy. *Mind as motion*. Exploration in the dynamics of cognition. Cambridge: Bradford Book/MIT Press, p. 69-100, 1995.

THELEN, Esther; SMITH, Linda. *A dynamic systems approach to the development of cognition and action*. Cambridge: MIT Press, 1994.

TORRES, Vera Lúcia Amaral. *Cognição em diálogo*: Vigotski e Thelen. Dissertação de Mestrado apresentada ao Programa de Estudos Pós-Graduados em Comunicação e Semiótica da Pontifícia Universidade Católica de São Paulo. São Paulo: 2000.

VAN GELDER, Timothy. What might cognition be, if not computation? *Journal of Philosophy*, July, 1995. Reprinted as Dynamics and Cognition In: HAUGELAND, John. (Ed.). *Mind Design* II. Cambridge: MIT Press, 1997.

VARELA, Francisco J., THOMPSON, Evan; ROSH, Eleanor. *The embodied mind*: Cognitive science and human experience. Cambridge: MIT Press, 1991.

VEIGA NETO, Alfredo. *Foucault & a educação*. 2. ed. Belo Horizonte: Autêntica, 2004.

VYGOTSKY, Lev S. *Mind in society*: The development of higher psychological processes. Cambridge: Harvard University Press, 1978.

———. *Thought and language*. Cambridge: MIT Press, 1986.

WADDINGTON, Conrad H. *Tools for though*: How to understand and apply the latest scientific techniques of problem solving. New York: Basic Books, 1977.

———. *Principles of development and differentiation*. New York: Macmillam, 1966.

WEISS, Gail; HABER, Honi Fern. (Eds.). *Perspectives on embodiment*, the intersections by nature and culture. New York / London: Routledge, 1999.

WILLS, W. D. *Homer Lane*. A biography. London: George Allen and Unwin, 1964.

WILSON, Robert; KEIL, Frank C. *The MIT Encyclopedia of the Cognitive Sciences*. Cambridge: MIT Press, 1999.

WYNN, Karen. Addition and substraction by human infants. In: *Nature*, n. 358, p. 749-750, Agosto, 1992.

ZULAR, Roberto. (Org.). *Criação em processo*, ensaios de crítica genética. São Paulo: Iluminuras, 2002.

INTERNET:

ELIASMITH, Chis. *The third contender*: A critical examination of the dynamicist theory of cognition. Department of Philosophy, Neuroscience-Psychology Program, Washington University, St. Louis. Disponível em: <http://www.arts.uwaterloo.ca/celiasmi/Papers/thirdcontender.html>. Acesso em: 2 abr. 2005.

INTERCOM. *Muniz Sodré discute ensino e pesquisa em Comunicação*. Disponível em:

<http://www.intercom.org.br/boletim/noticias_munizsodre.shtml>.
Acesso em: 23 set. 2005.

KATZ, Helena. *Sobre fundamentalismos teóricos*. Disponível em:
<http://idanca.net/2006/10/15/sobre-fundamentalismos-teoricos/>.
Acesso em: 16 fev. 2007.

LAKOFF, George. *"Philosophy in the Flesh". A talk with George Lakoff*. Introduction by John Brockman. Disponível em:
<http://www.edge.org/3rd_culture/lakoff/lakoff_p1.html>.
Acesso em: 13 mar. 2005.

RAJCZUK, Leandra. *Uma homenagem a Janusz Korczak*. Disponível em:
<http://www.usp.br/jorusp/arquivo/1998/jusp454/manchet/rep_res/rep_int/cultura2.html>.
Acesso em: 2 jun. 2006.

REVISTA IHU ONLINE. São Leopoldo: Publicações Científicas Unisinos, ed. 209, Dezembro, 2006. Disponível em:
<http://www.unisinos.br/ihuonline/index.php?option=com_tema_capa&Itemid=23&task=detalhe&id=125>.
Acesso em: 26 jan. 2007.

VAN DER MAAS, Han L. J. Department of Psychology of University of Amsterdam, Holland. *Personal Webpages - Publications*. Disponível em:
<http://home.medewerker.uva.nl/h.l.j.vandermaas.>
Acesso em: 10 abr. de 2006.

Coordenação	Editora Hedra
Capa	Cristina Achury sobre *Dancing* (2009), de Jaime Bisbal
Projeto gráfico	Editora Hedra
Programação em LaTeX	Marcelo Freitas
Revisão	Ieda Lebensztayn e Erika Horigoshi
Assistência editorial	Bruno Oliveira
Colofão	Adverte-se aos curiosos que se imprimiu esta obra em nossas oficinas em 27 de setembro de 2010, em papel off-set 90 gramas, composta em tipologia Walbaum Monotype de corpo oito a treze e Courier de corpo sete, em GNU/Linux (Gentoo, Sabayon e Ubuntu), com os softwares livres LaTeX, DeTeX, VIM, Evince, Pdftk, Aspell, SVN e TRAC.